New
The 바른
인도네시아어 *Indonesia!*

2 STEP

저자 ㅣ 플로리안 후타갈룽(Florian Hutagalung)

ECK Books

| 초 판 인 쇄 | 2016년 07월 20일 |
| 2 판 2 쇄 | 2023년 11월 01일 |

지 은 이	플로리안 후타갈룽(Florian Hutagalung)
펴 낸 이	임승빈
편 집 책 임	정유항, 김하진
디 자 인	다원기획
마 케 팅	염경용, 이동민, 이서빈

펴 낸 곳	ECK북스
주 소	서울시 마포구 창전로2길 27 [04098]
대 표 전 화	02-733-9950
홈 페 이 지	www.eckbooks.kr
이 메 일	eck@eckedu.com
등 록 번 호	제 2020-000303호
등 록 일 자	2000. 2. 15

I S B N	978-89-92281-78-2
	978-89-92281-36-2 (세트)
정 가	18,000원

New The 바른 인도네시아어 Indonesia!

저자 | 플로리안 후타갈룽
(Florian Hutagalung)

STEP 2

ECK Books

머리말 Sekapur Sirih

우선 이 세상에 낳아 주시고 언어 재능을 물려주신 우리 부모님께 감사드립니다. 또한 늘 그렇듯이 부족한 제자에게 항상 응원해 주시고 새로운 연구 분야에 문을 열어 주신 故김기혁 교수님께 감사의 말씀을 올리고 싶습니다. 제가 전공한 한국어를 연구하기 위해 먼저 인도네시아어를 많이 배우고 많이 알아야 한다는 것을 깨닫게 해 주신 덕분에 인도네시아어 교육에 발을 내디딜 수 있게 되었습니다.

한국에서 처음으로 인도네시아어를 가르치기 시작했을 때 기존 인도네시아어 교재를 많이 활용해 보았습니다. 그런데 대부분 교재는 인도네시아 현지의 국어 수업 과정을 그대로 활용하여 구성되어 있어 한국인 학습자들이 배우거나 원어민 강사들이 가르치는 데 많은 어려움이 있었습니다. 특히 인도네시아어를 처음 접하는 학습자에게 인도네시아어의 접사를 강조하여 가르친다는 것이 불가능하다는 것을 깨닫게 되었습니다.

이 점을 잘 파악하신 ECK교육의 임승빈 대표께서 2013년에 제게 새롭고 더 바른 인도네시아어 교육 교재를 제작하자고 하셨을 때, 저는 바로 긍정적으로 답변하고 집필을 시작했습니다. 그 결과 2014년에 어휘를 통째로 배우고 올바른 인도네시아어 문법과 현지인들이 많이 쓰는 표현을 보완하여 〈The 바른 인도네시아어 STEP 1〉을 출간했습니다.

그 이후로 인도네시아어 강사들의 의견을 모아 STEP 1의 내용을 보완하여 2017년에 〈New The 바른 인도네시아어 Step 1〉을 출간했습니다. STEP 2는 동사를 구성하는 데 사용하는 접사의 기능, 의미, 문장에서의 활용 등을 중심으로 집필하였습니다. 학습자들은 이 교재를 사용함으로써 단문, 복문, 수동문, 타동문 등을 구성할 수 있을 것이라고 믿습니다. 많은 학습자들이 한국인을 위한 인도네시아어 교육 커리큘럼의 필요성을 느끼고 있지만 현실은 아직 미진한 단계로, 대부분의 교육 현장에서 인도네시아의 국어 교육 커리큘럼을 차용하고 있습니다.

이에 저는 한국 학습자를 위한 커리큘럼을 새로 만들고자, 실제 강의에서 적용한 결과를 토대로 〈NEW The 바른 인도네시아어〉 STEP1과 STEP2의 커리큘럼을 완성하였습니다.

이 교재를 집필할 수 있게 기회를 주신 임승빈 대표, 그리고 염경용 이사, 정유항 과장, 최지인 매니저와 모든 임직원 여러분께 감사의 말씀을 드리고 싶습니다. 이 교재의 동영상 강의 제작에 힘을 써 주신 하나래 매니저님께도 진심으로 감사드립니다. 또한 이 교재의 집필 작업을 도와주시고 많은 격려와 의견을 주신 한국관광통역안내사협회(KOTGA) 회장님과 회원들, KOICA봉사단원 제자들, 또한 2년 가까이 함께 스터디해 온 조순규 씨, 이은보라 씨, 최대한 씨, 김가영 씨에게도 무한 감사와 경의를 표하고 싶습니다. 늘 그렇지만 강사로서 가르치는 것보다 오히려 제가 여러분에게 더 많이 배웠습니다.

부족한 부분이 있더라도 인도네시아어 학습자뿐만 아니라 강사 여러분에게도 도움이 되고 유용한 교재가 될 수 있으면 하는 바람입니다. 학습에 더욱 힘이 될 수 있는 'STEP 3'까지 나올 수 있도록 많은 격려와 응원 부탁드립니다. 감사합니다.

저자 **플로리안**

Menyusun buku pelajaran bahasa Indonesia untuk penutur asing bukanlah pekerjaan yang mudah terutama karena kurikulum pendidikan bahasa Indonesia untuk penutur asing (BIPA) saat ini belum memiliki standar tingkatan pendidikan yang pasti sehingga sebenarnya cukup sulit bagi saya untuk menentukan cakupan bahasa Indonesia tingkat dasar, madya, ataupun mahir. Selain itu, kurikulum pendidikan BIPA yang ada saat ini masih sangat mirip dengan kurikulum pendidikan bahasa Indonesia di sekolah-sekolah di Indonesia. Hal ini sangat saya sayangkan karena untuk memperkenalkan sebuah bahasa kepada orang asing diperlukan pendekatan serta kurikulum yang berbeda.

Setelah buku The 바른 인도네시아어 Step 1 diterbitkan pada bulan Mei 2014 yang lalu, banyak pembelajar bahasa Indonesia di Korea yang menyampaikan banyak masukan, ucapan terima kasih, dan dukungan kepada saya. Tidak sedikit pula yang menanyakan kapan kelanjutan dari Step 1, yakni Step 2 akan terbit. Berkat dorongan dari para pembelajar dan juga restu dari penerbit, ECK Education, saya memulai penulisan Step 2 pada bulan Oktober tahun 2014 silam dan memperbaikinya menjadi New The 바른 인도네시아어 Step 2 pada bulan September 2018.

New The 바른 인도네시아어 Step 2 berkonsentrasi pada imbuhan yang digunakan untuk membentuk kata kerja, baik kata kerja transitif, intransitif, pasif, kausatif, maupun benefaktif yang biasa digunakan dalam bahasa Indonesia serta bentuk-bentuk kalimat yang berkaitan dengan kata-kata kerja tersebut. Para pembelajar diharapkan dapat berlatih membentuk berbagai kalimat-kalimat panjang sederhana tanpa kata penghubung, terutama kalimat pasif dan juga kalimat dengan partikel 'yang' yang menjadi momok bagi pembelajar di Korea selama ini.

Saya berharap agar New The 바른 인도네시아어 Step 2 dapat menjadi salah satu buku pedoman tata bahasa Indonesia tingkat madya yang dapat membantu pembelajar dan pengajar bahasa Indonesia di Korea serta menjadi acuan kurikulum baru pendidikan bahasa Indonesia untuk penutur asing yang lebih "bersahabat" bagi para penutur asing.

Terima kasih saya ucapkan kepada Tuhan Yang Maha Esa yang telah memberikan saya karunia berupa ilmu pengetahuan yang dapat saya bagikan kepada masyarakat pencinta bahasa Indonesia di Korea. Tak lupa saya sampaikan rasa terima kasih dan cinta saya kepada kedua orang tua saya yang telah melahirkan saya dengan bakat dan kemampuan yang tidak dapat ditukar dengan apa pun. Kepada almarhum bapak Kim Ki Hyuk yang telah banyak memberikan saya dorongan dan motivasi untuk mendalami struktur bahasa Indonesia selama saya mendalami linguistik bahasa Korea di program pascasarjana. Terima kasih juga saya ucapkan kepada ECK Education yang telah memberikan kesempatan serta dukungan kepada saya untuk meneruskan penelitian serta membantu pengembangan pendidikan bahasa Indonesia di Korea.

Yang terakhir, tidak lupa saya ucapkan terima kasih kepada Ibu Nining, Bapak Nanang, Margareth, Sylvia, Ega, Lidya, Farras, Gierlang, dan Susilo yang telah banyak membantu dalam proses pengisian suara buku ini.

penulis Florian Hutagalung

| 구성과 특징 |

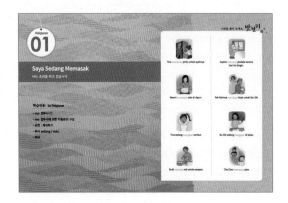

1. 과 표지/사전 찾기

- 각 과의 주요 학습 내용을 정리했습니다.
- 각 과의 본 학습을 시작하기 전에 관련 주요 어휘와 표현을 사전을 이용해서 찾아보며 스스로 사전 학습을 할 수 있도록 했습니다.

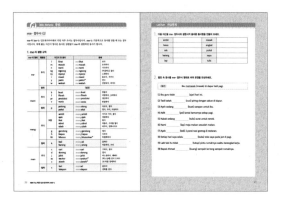

2. 문법/연습

- STEP 2는 동사 위주의 접사 활용을 강화하는 데 목표가 있습니다. 각 과의 3페이지에 걸쳐서 관련 어휘. 표현, 문법 등 내용을 자세히 설명했습니다.
- 연습문제를 통해서 주요 문법 사항을 복습하고 확인할 수 있도록 했습니다.

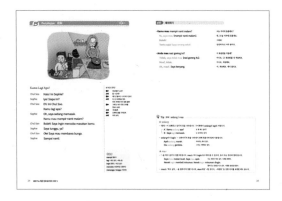

3. 회화문/표현

- 각 과의 주요 표현을 일상생활 속 회화문을 통해서 익힐 수 있습니다. 회화문의 상황이 한눈에 보이도록 일러스트를 함께 수록했습니다.
- 〈표현〉에서는 회화문에서 나온 주요 표현을 반복 학습할 수 있도록 했습니다. 〈Tip〉에서는 관련 문법을 자세히 설명했습니다.

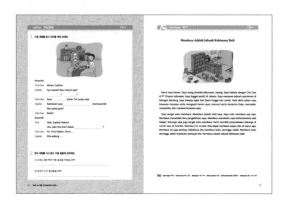

4. 회화 연습/읽기

- 본문 회화문과 관련 있는 내용을 음원을 듣고 빈 칸에 알맞은 말을 쓰면서 확인 학습을 할 수 있습니다.

- 장문의 읽기 문장을 통해 독해 연습까지 할 수 있습니다. 직접 해 본 뒤, 음원을 들으면서 재확인할 수 있습니다.

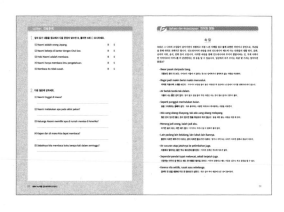

5. 읽기 연습/언어와 문화

- 앞에 나온 읽기 문장을 제대로 이해했는지 자신의 독해력을 확인할 수 있습니다.

- 인도네시아의 실제 일상생활 속의 언어와 관련된 문화와 언어 습관에 대해서 알아보는 코너입니다.

| Contents |

9

인도네시아어 기초 상식

1. 인도네시아어와 말레이어 Bahasa Indonesia dan Bahasa Melayu

인도네시아어는 현재 말레이시아, 브루나이, 싱가포르 등에서 쓰는 말레이어와 뿌리가 같습니다. 그것이 말레이시아, 브루나이, 싱가포르 사람들에게 인도네시아어를 사용해도 소통이 되는 이유입니다. 이렇게 인도네시아어와 말레이어처럼 서로 다른 2개 이상의 언어끼리 의사소통이 가능한 경우를 '상호 의사소통성(mutual intelligibility)'이라고 합니다.

한국에서는 말레이어와 인도네시아어를 함께 일컫는 '마인어'라는 말이 이미 보편화되어 마치 두 언어가 같은 언어라는 착각이 뿌리 박혀 있습니다. 그러나 인도네시아어가 말레이어와 유사하긴 하지만 같은 언어가 아니라, 별개의 언어라는 것을 확실히 알아야 합니다.

말레이어가 통하는 나라로는 말레이시아, 싱가포르, 브루나이, 인도네시아, 동티모르가 있다.

지도에서 보듯이 말레이시아, 싱가포르, 브루나이, 인도네시아, 동티모르에서는 크게 보면 '말레이어'를 사용합니다. 말레이시아를 비롯하여 브루나이와 싱가포르에서 쓰이는 언어인 말레이어는 인도네시아에서는 300개 이상의 민족어 중 하나입니다. 인도네시아에서 국어로 사용되는 고대 말레이어로부터 발전된 언어는 '말레이어'라고 부르지 않고 '인도네시아어'라고 합니다. 동티모르는 이전에 인도네시아에 속했었기 때문에 그들이 모국어인 테툼어와 포르투갈어 외에 많이 사용하는 언어가 인도네시아어입니다. 일상적인 어휘를 통해 두 언어의 차이를 비교해 볼 수 있습니다.

같은 뜻이지만 단어가 다른 경우

인도네시아어	말레이어	뜻
Agustus	Ogos	8월
berbicara	berbual	말하다
jeruk	oren	오렌지, 귤

kantor pusat	ibu pejabat	본사
karcis, tiket	tiket	표, 티켓
karena	kerana	~하기 때문에
kebun binatang	taman haiwan, zoo	동물원
ketua	pengerusi	장, 대장, 연장자
kursi	kerusi	의자
Maret	Mac	3월
Minggu	Ahad	일요일
mobil	kereta	차, 자동차
polis	polisi	정책, 약정서
polisi	polis	경찰
rumah sakit	hospital	병원
Senin	Isnin	월요일
tantangan	cabaran	대결, 도전
televisi	televisyen	텔레비전
toko	kedai	가게
universitas	universiti	대학교

같은 단어지만 뜻이 다른 경우

낱말	인도네시아어의 뜻	말레이어의 뜻
ahli	전문가	단원, 구성원, 전문가
akta	증서, 문서	법률, 규정, 법칙
baja	강철	거름, 비료
banci	트랜스젠더, 여장 남자	인구 조사
bercinta	성관계를 맺다	사랑을 표현하다
bisa	가능하다, 독	독
boleh	~하면 된다, 가능하다	가능하다

budak	노예	어린아이
comel	말이 많다, 투덜거리다	예쁘다, 멋있다, 귀엽다
gampang	쉽다, 간단하다	숨겨진 아이
jahat	악하다, 나쁘다	도둑, 강도
jeruk	귤	조린 과일

이 밖에 말레이어와 인도네시아어의 발음, 관용 표현, 문법, 의미 등에도 차이가 있습니다. 그래서 인도네시아어 사용자가 말레이어 사용자와 이야기할 때는 어느 정도 의사소통은 되지만 완전히 다 알아듣는다기보다는 문맥상으로 이해하는 경우가 많습니다.

2. 접사 Imbuhan

[**New** The 바른 인도네시아어 STEP 1]에서는 인칭대명사의 소유격과 목적격을 나타내는 접사 -ku, -mu, -nya 외에 다른 접사에 대해서는 전혀 다루지 않았습니다. [**New** The 바른 인도네시아어 STEP 2]에서는 동사 위주의 접사 활용 강화 학습서인만큼 접사에 대해서 본격적으로 학습하겠습니다.

접사는 크게 3가지로 나눌 수 있습니다. 어근 앞에 붙이는 '접두사', 어근 뒤에 붙이는 '접미사', 그리고 어근 중간에 들어가는 '삽입사' 또는 '접요사' 등이 있습니다. 통상적인 기능과 뜻을 가진 인도네시아어 접두사는 총 8개가 있으며, 접미사는 7개, 삽입사는 3개가 있습니다.

(1) 접두사(awalan)

me-	membuka	menutup	memukul	mengantuk
ber-	bekerja	belajar	bertamu	bergerak
di-	ditulis	disapu	dibeli	dijual
pe-	perampok	pencuri	penyanyi	pelukis
ter-	terlambat	terjatuh	tertinggi	tertarik
ke-	kesembilan	ketua	kekasih	kehendak
per-	pelajar	peterjun	pekerja	peternak
se-	selama	sepanjang	seorang	seketika

(2) 접미사(akhiran)

-i	memukuli	menutupi	dimasuki	didatangi
-kan	membukakan	mengajarkan	dikeluarkan	dipulangkan
-an	makanan	pakaian	kesopanan	permainan
-lah	dialah	itulah	makanlah	duduklah
-tah	apatah	siapatah		
-kah	apakah	siapakah	pergikah	tidakkah
-pun	walaupun	meskipun	adapun	bagaimanapun

(3) 삽입사(sisipan)

-em-	gemetar	semerbak	cemerlang	gemuruh
-el-	teliti	geligi	jelajah	telunjuk
-er-	kerudung	seruling	peranjat	gerigi

memukuli, menutupi, dimasuki, didatangi, membukakan, mengajarkan, dikeluarkan, dipulangkan 등처럼 한 어근에 접미사뿐 아니라 접두사도 동시에 붙을 수 있습니다. 하나의 어근에 접두사와 접미사가 동시에 붙는 경우를 '접환사(konfiks)'라고 합니다.

(4) 가장 많이 쓰이는 접사들의 기능

접사	어근	결합 어휘	기능
me-		mengajar (가르치다)	타동사 만들기
ber-		belajar (공부하다)	자동사 만들기
di-		diajar (가르침을 받다)	피동사 만들기
pe-	ajar 교육	pengajar (강사, 선생님)	명사 만들기(~하는 자)
per-		pelajar (학생, 제자)	명사 만들기(~하는 자)
me-kan		mengajarkan (가르쳐 주다)	사동사/수혜자격 동사 만들기
me-i		mengajari ((누구에게) 가르치다)	대상 중심 동사 만들기
pe-an		pengajaran (교육, 교육 과정)	명사 만들기(~하는 과정)

| per-an | | pelajaran (과목, 공부할 것) | 명사 만들기(~하는 과정) |

ajar는 '교육'이라는 명사입니다. 여기에 여러 가지 접사가 붙으면서 다른 뜻의 동사와 명사로 바뀝니다. 다만, 접사와 결합된 어휘들은 ajar 본래의 뜻에서 크게 바뀌지 않고 파생된 뜻을 나타냅니다.

3. 사전 Kamus

이 책에서 다룰 접사 활용 규칙만 알면 인도네시아어 사전을 활용할 수 있습니다. 한국어 국어사전에서 '추워요'를 찾으면 없고 기본형인 '춥다'를 찾아야 합니다. 마찬가지로 인도네시아어도 우선 그 낱말의 기본형을 찾아야 합니다. 따라서 접사를 빼고 어근만으로 사전 찾기를 해야 합니다. 즉, belajar, mengajar, pelajar, pengajar의 뜻을 찾으려면, 각각 ber-, me-, per-, pe- 접사를 빼고 ajar를 찾으면 됩니다.

하지만 요즘 한국의 포털 사이트에 있는 인도네시아어 사전 찾기 기능에서는, 기본 어휘를 검색하지 않고 파생된 말로 검색해도 나옵니다. 그러나 파생된 말을 찾으면 쉽고 빠르지만, 나중에 기본 어근의 본뜻을 모르게 되기 때문에 오히려 올바른 인도네시아어 학습에는 방해가 될 수도 있습니다.

Rahmat Baskoro (50)

Ketua RT (suami ibu Siti)

Siti Lestari (48)

Guru Bahasa Indonesia Universitas Jakarta
(guru Chul Soo, Sophie, dan Luigi)

Sophie Levebre (21)

Mahasiswa Tingkat 3
Universitas Paris
(murid ibu Siti, teman sekelas
Chul Soo dan Luigi, teman Martono)

Luigi Costa (22)

Mahasiswa Tingkat 4
Universitas Roma
(murid ibu Siti, teman sekelas
Chul Soo dan Sophie)

Lee Chul Soo (31)

Karyawan PT Chosun Indonesia
(murid ibu Siti, teman sekelas Sophie dan
Luigi, teman Tina, teman sekantor Naomi)

Naomi Smith (32)

Karyawan PT
Chosun Indonesia
(teman sekantor Chul Soo)

Dwi Martono (29)

Mahasiswa Pascasarjana
Universitas Jakarta
(teman Sophie dan Budi)

Maria Christina (21)

Mahasiswa Program Studi
Korea Universitas Jakarta
(teman Chul Soo dan Lidya)

Budi Susanto (28)

Mahasiswa Pascasarjana
Universitas Jakarta
(teman Martono)

Lidya Seran (21)

Mahasiswa Program Studi
Jepang Universitas Jakarta
(teman Tina)

Saya Sedang Memasak

나는 요리를 하고 있습니다

학습내용: Isi Pelajaran

Tina membuka pintu untuk ayahnya.

Sophie menutup jendela karena
hari ini dingin.

Naomi memasak soto di dapur.

Pak Rahmat membuat kopi untuk ibu Siti.

Tina sedang mengikat rambut.

Bu Siti sedang mengajar di kelas.

Budi membeli roti untuk sarapan.

Chul Soo memesan piza.

me- 접두사 (1)

me-와 ber-는 인도네시아어에서 가장 자주 쓰이는 접두사입니다. me-는 기본적으로 동사를 만들 때 쓰는 접두사입니다. 뒤에 붙는 어근이 명사든 동사든 상관없이 me-와 결합하면 동사가 됩니다.

1. me-의 결합 규칙

me-의 형태	활용법	어근의 첫 글자		용례	
me-	추가	l	lihat	melihat	보다
		m	masak	memasak	요리하다
		n	nanti	menanti	기다리다
		ng	ngeong	mengeong	(야옹하고) 울다
		ny	nyanyi	menyanyi	노래하다
		r	rawat	merawat	돌보다, 지키다
		y	yakin	meyakini*	믿다
		w	wabah	mewabah	전염되다, 퍼지다
	탈락			(없음)	
mem-	추가	b	buat	membuat	만들다
		f	fitnah	memfitnah	비방하다, 모략하다
		pr	produksi	memproduksi	생산하다
		v	vonis	memvonis	판결하다
	탈락	p	potong	memotong	자르다, 썰다
			pakai	memakai	입다, 쓰다, 사용하다
meng-	추가	모음	ambil	mengambil	가지고 가다, 줍다
			ejek	mengejek	경멸하다
			ikat	mengikat	묶다
			obrol	mengobrol	떠들다, 수다를 떨다
			ubah	mengubah	바꾸다, 변화시키다
		g	gendong	menggendong	업다
		h	hapus	menghapus	지우다
		kh	khusus	mengkhususkan*	특별화하다
	탈락	k	kali	mengali	곱하다
			karang	mengarang	작문하다, 쓰다
men-	추가	c	cari	mencari	구하다, 찾다
		d	dorong	mendorong	밀다
		j	jahit	menjahit	바느질하다, 꿰매다
		sy	syukur	mensyukuri*	(하느님께) 감사 드리다
		z	ziarah	menziarahi*	(묘지를) 참배하다
	탈락	t	tari	menari	춤추다
			telepon	menelepon	전화를 걸다

meny-	추가	(없음)			
	탈락	s	sapu sikat	menyapu menyikat	(바닥을) 쓸다 (솔로) 닦다
menge-	추가	단음절**	pel lap tik	mengepel mengelap mengetik	걸레질하다, 닦다 행주질하다, 닦다 타자를 치다
	탈락	(없음)			

＊표시를 한 어휘는 접두사만 붙은 경우가 없거나 잘 쓰이지 않아 접환사와 결합되는 어휘를 예로 듭니다.

＊＊단음절이란 어근이 한 음절로만 구성된다는 것입니다.

me-는 우선 뒤에 붙는 어근의 첫 글자에 따라서 형태가 변화 없이 me-로, 또는 mem-, men-, meng-, meny-, menge- 등으로 바뀝니다. me-의 형태를 정한 다음은 어근의 첫 글자에 따라서 '추가' 또는 '탈락' 활용법을 정합니다.

'추가'는 말 그대로 me-의 알맞은 형태에다가 어근을 붙이는 것입니다.

me-	+	nari	→	menari
me-	+	buat	→	membuat
me-	+	cari	→	mencari
me-	+	hapus	→	menghapus
me-	+	pel	→	mengepel

반면에 '탈락'은 어근의 첫 글자를 탈락시킨 다음에, me-의 알맞은 형태에다가 붙이는 것입니다.

me-	+	pakai	→	memakai
me-	+	tulis	→	menulis
me-	+	kali	→	mengali
me-	+	sapu	→	menyapu

어근이 단음절, 즉 한 음절로만 구성되는 경우 어근의 첫 글자와 상관 없이 me-를 menge- 형태로 바꾼 다음에, 어근을 그대로 붙입니다.

me-	+	pel	→	mengepel
me-	+	lap	→	mengelap
me-	+	tik	→	mengetik

2. me- 접두사 타동사와 타동사문

me-는 일반적으로 동사나 명사와 결합하는 경우는 목적어가 올 수 있는 타동사가 되고 어근의 기본 뜻을 수행한 다는 의미를 갖습니다. 다만 예외적으로 자동사가 되는 경우도 있습니다.(me-가 붙어서 자동사가 되는 경우는 5과 참조) 모든 어근이 me-에 붙일 수 있는 것이 아닙니다. 심지어 접사 없이 동사로 사용할 수 있는 일부 어근이 있습니다. 이러한 동사는 '어근 동사'라고 합니다(4과 참조).

me- 접두사 타동사를 사용하는 문장은 목적어가 올 수 있기 때문에 me- 접두사 타동사에 의한 문장은 타동(사) 문이라고 합니다.

A. me- + 동사

buka → **mem**buka	열다 열다	Saya **mem**buka jendela kamar setelah bangun tidur. 나는 일어난 후에 방 창문을 열었다.
buat → **mem**buat	하다, 만들다 만들다	Ayah **mem**buat teh sebelum sarapan. 아버지는 아침을 먹기 전에 홍차를 만들었다.
tulis → **men**ulis	쓰다, 적다 쓰다	Kakak **men**ulis surat untuk pacarnya. 누나는 애인에게 편지를 쓴다.
pukul → **mem**ukul	때리다 때리다	Laki-laki itu **mem**ukul polisi di kantor polisi. 그 남자는 경찰서에서 경찰을 때렸다.

B. me- + 명사

ajar → **meng**ajar	교육 가르치다	Ibu itu **meng**ajar matematika di SMA. 저 여자는 고등학교에서 수학을 가르친다.
sapu → **meny**apu	비, 빗자루 쓸다	Asisten rumah tangga itu sedang **meny**apu halaman. 저 가정부는 마당을 쓸고 있다.
pel → **menge**pel	걸레 걸레질하다	Murid-murid **menge**pel lantai kelas mereka setiap hari. 학생들은 매일 그들의 교실 바닥을 걸레로 닦는다.
gunting → **meng**gunting	가위 가위질하다	Bapak itu **meng**gunting kabel radio. 그 아저씨는 라디오의 전선을 (가위로) 잘랐다.

예문에서 보듯이 me- 타동사는 목적어와 함께 쓸 수 있습니다. me- 타동사 뒤에 밑줄 친 명사가 목적어입니다.

1. 다음 어근을 me- 접두사와 결합시켜 올바른 동사형을 만들어 보세요.

ambil		masak	
bawa		angkat	
cek		pukul	
karang		sapu	
lap		tulis	

2. 괄호 속 동사를 me- 접두사 형태로 바꿔 문장을 완성하세요.

보기	Ibu memasak (masak) di dapur tadi pagi.

⑴ Ibu guru tidak _____ (ajar) hari ini.

⑵ Tadi kakak _____ (cuci) piring dengan sabun di dapur.

⑶ Ayah sedang _____ (buat) sarapan untuk ibu.

⑷ Adik _____ (pel) lantai kamarnya setiap pagi.

⑸ Kakak sedang _____ (tulis) surat untuk nenek.

⑹ Kami _____ (lap) meja makan sesudah makan.

⑺ Ayah _____ (beli) 2 porsi nasi goreng di restoran.

⑻ Setiap hari saya selalu _____ (buka) toko saya pada jam 8 pagi.

⑼ Laki-laki itu tidak _____ (tutup) pintu rumahnya waktu berangkat kerja.

⑽ Bapak Ahmad _____ (buang) sampah ke tong sampah rumahnya.

Kamu Lagi Apa?

Chul Soo	Halo! Ini Sophie?
Sophie	Iya! Siapa ini?
Chul Soo	Eh! Ini Chul Soo.
	Kamu lagi apa?
Sophie	Oh, saya sedang memasak.
	Kamu mau mampir nanti malam?
Chul Soo	Boleh! Saya ingin mencoba masakan kamu.
Sophie	Saya tunggu, ya?
Chul Soo	*Oke!* Saya mau membawa bunga.
Sophie	Sampai nanti.

뭐 하고 있어?

철수	여보세요? 소피?
소피	응. 누군데?
철수	야! 난 철수야. 너 뭐 하고 있어?
소피	아, 난 요리하고 있어.
	이따 저녁에 우리 집에 올래?
철수	그래! 난 네가 만든 요리를 맛보고 싶어.
소피	기다릴게.
철수	오케이! 꽃을 가져갈게.
소피	이따 보자.

새 단어

mampir 들르다
lagi ~하고 있다, ~하는 중
ingin 원하다, ~하고 싶다
mencoba 시도(하다), 도전(하다)
menunggu / tunggu 기다리다

- **Kamu mau** mampir nanti malam?

  Ya, saya mau (mampir nanti malam).

  Boleh!

  Tentu saja! Saya senang sekali.

오늘 저녁에 들를래요?

네, (오늘 저녁에) 들를게요.

그래요!

당연하지요! 아주 좋아요.

- **Anda mau** nasi goreng ini?

  Tidak, saya tidak mau (nasi goreng itu).

  Maaf, tidak.

  Ah, maaf. Saya kenyang.

이 볶음밥을 먹을래?

아니요, (그 볶음밥을) 안 먹을래요.

아니요, 죄송해요.

아, 죄송해요. 배가 불러요.

💡 **Tip** | 부사 sedang / mau

★ **sedang**

– '현재 ~이 진행되고 있다'의 뜻을 나타냅니다. 구어체에서 sedang은 lagi로 바뀝니다.

    A : Kamu sedang apa?   넌 뭐 하고 있어?

    B : Saya lagi memasak.   난 요리하고 있어.

– sedang이나 lagi는 '~ 상태이다'의 뜻을 나타내기 위해 형용사와 함께 사용됩니다.

    Ayah sedang marah.   아버지는 화나 있다.

    Dia sedang gembira.   그녀는 기뻐하고 있다.

★ **mau**

– '~을 하고 싶다'고 말할 때 씁니다. mau는 부사 ingin으로 바꿔 쓸 수 있으며, 동사 또는 명사와 함께 씁니다.

    Saya mau makan buah. Saya mau apel.   나는 과일이 먹고 싶다. 사과를 원한다.

    Nenek ingin membeli minuman. Nenek ingin minuman dingin.

                            할머니는 음료를 사고 싶다. 시원한 음료를 원한다.

– mau는 '하고 싶다, ~을 원하다'의 뜻뿐 아니라, akan처럼 '~할 것이다, ~하겠다' 등 강한 의지를 표현할 때도 씁니다.

1. 다음 대화를 듣고 빈칸을 채워 보세요.

(bunyi bel)

Chul Soo	Malam, Sophie.
Sophie	Ayo masuk! Mau minum apa?
	_____ ? _____ ?
Chul Soo	Saya _____ batuk. Teh panas saja.
Sophie	Kebetulan saya _____ _____ membuat teh.
	Mau pakai gula?
Chul Soo	Boleh!

(bunyi bel)

Tina	Halo, Sophie! Malam!
	Lho, ada Chul Soo? Kalian _____ _____ ?
Chul Soo	Ah, Tina! Malam. Hmm... .
Sophie	Kita sedang ... .

2. 앞의 대화를 다시 듣고 다음 질문에 답하세요.

(1) 소피는 철수에게 어떤 음료를 주었습니까?

_____

(2) 갑자기 누가 찾아왔습니까?

_____

Membaca Adalah Sebuah Kebiasaan Baik

Nama saya Naomi. Saya orang Amerika keturunan Jepang. Saya bekerja dengan Chul Soo di PT Chosun Indonesia. Saya tinggal sendiri di Jakarta. Saya menyewa sebuah apartemen di bilangan Menteng. Saya bekerja sejak hari Senin hingga hari Jumat. Pada akhir pekan saya biasanya menyapu serta mengepel kamar saya, mencuci serta menjemur baju, memasak, menyetrika, dan merawat tanaman saya.

Saya sangat suka membaca. Membaca adalah hobi saya. Saya suka membaca apa saja. Membaca menambah ilmu pengetahuan saya. Membaca membantu saya berkonsentrasi saat belajar. Keluarga saya juga sangat suka membaca. Kami memiliki perpustakaan keluarga di rumah saya di Amerika. Membaca itu mudah. Kita dapat membaca kapan dan di mana saja. Membaca itu juga penting. Sebaiknya kita membaca buku seminggu sekali. Membaca buku seminggu sekali membuka wawasan kita. Membaca adalah sebuah kebiasaan baik.

단어 **apa saja** 아무것 **keturunan** 후손, 유전 **bilangan** 지역, 구역 **akhir pekan** 주말 **berkonsentrasi** 집중하다 **wawasan** 응시, 시야, 견식

1. 앞의 읽기 내용을 참고해서 다음 문장이 맞으면 B, 틀리면 S에 ○ 표시하세요.

(1) Naomi adalah orang Jepang.　　　　　　　　　　　　　B　　S

(2) Naomi bekerja di kantor dengan Chul Soo.　　　　　　　B　　S

(3) Hobi Naomi adalah membaca.　　　　　　　　　　　　　B　　S

(4) Naomi hanya membaca ilmu pengetahuan.　　　　　　　B　　S

(5) Membaca itu tidak susah.　　　　　　　　　　　　　　　B　　S

2. 다음 질문에 답하세요.

(1) Naomi tinggal di mana?

_____

(2) Naomi melakukan apa pada akhir pekan?

_____

(3) Keluarga Naomi memiliki apa di rumah mereka di Amerika?

_____

(4) Kapan dan di mana kita dapat membaca?

_____

(5) Sebaiknya kita membaca buku berapa kali dalam seminggu?

_____

속 담

속담은 그 나라의 조상들이 살아가면서 경험하고 직접 느낀 지혜를 쉽고 짧게 표현한 격언이나 잠언으로, 후손들을 통해 대대로 전해지곤 합니다. 인도네시아의 속담을 보면 인도네시아 제도에 사는 민족들의 생활 방식, 문화, 남녀의 지위, 음식, 문화 등이 보입니다. 이러한 속담을 통해 인도네시아의 주식이 쌀밥이라는 것, 부계 사회지만 아버지보다 어머니를 더 존중한다는 것 등을 알 수 있습니다. 일상에서 자주 쓰이는 속담 몇 가지는 알아두면 좋겠죠?

- **Besar pasak daripada tiang.**

  기둥보다 못이 더 크다 : 수익보다 지출이 더 많다는 뜻으로 낭비하거나 절약하지 않는 사람을 비유한다.

- **Bagai padi makin berisi makin merunduk.**

  벼처럼 익을수록 고개를 숙인다 : 지식이나 교양을 많이 쌓은 사람일수록 겸손하고 남 앞에서 자기를 내세우려 하지 않는다.

- **Air beriak tanda tak dalam.**

  거품이 나는 물은 깊지 않다 : 말이 많고 겉을 많이 꾸민 사람은 아는 것이 별로 없거나 생각이 짧다.

- **Seperti pungguk merindukan bulan.**

  달을 그리워하는 올빼미 같다 : 계속 좋아하는 사람만 바라보고 짝사랑하는 사람을 비유한다.

- **Ada uang abang disayang, tak ada uang abang melayang.**

  형은 돈이 있으면 좋고, 돈이 없으면 형을 취급조차 하지 않는다 : 좋을 때만 붙는 사람을 비꼴 때 쓴다.

- **Menang jadi arang, kalah jadi abu.**

  이기면 숯이 되고, 지면 재가 된다 : 이기거나 지거나 둘 다 결과가 좋지 않다.

- **Lain padang lain belalang, lain lubuk lain ikannya.**

  들판이 다르면 메뚜기가 다르고, 강이 다르면 물고기가 다르다 : 땅이나 지역 또는 나라가 다르면 문화나 풍습이 다르다.

- **Air cucuran atap jatuhnya ke pelimbahan juga.**

  지붕에서 떨어지는 물은 역시 배수관에 떨어진다 : 자식의 성격은 부모와 다르지 않다.

- **Sepandai-pandai tupai meloncat, sekali terjatuh juga .**

  다람쥐는 아무리 잘 뛴다고 해도 한 번쯤은 떨어질 것이다 : 아무리 잘한다고 해도 가끔은 실수도 하고 잘못을 할 수 있다.

- **Karena nila setitik, rusak susu sebelanga.**

  염색약 한 방울 때문에 우유 한 항아리가 상한다 : 작은 실수 하나 때문에 모든 것이 틀어진다.

Saya Belum Bisa Berbahasa Korea

저는 아직 한국어를 할 줄 모릅니다

학습내용: Isi Pelajaran

- ber- 접두사 (1)
- ber- 접두사에 의한 자동문
- 표현 : 경험 말하기
- 부사 sudah / belum
- 감탄사 (1)

Ibu Siti berjalan kaki ke kampus.

Chul Soo berjalan-jalan di taman.

Anak-anak itu sedang berkelahi.

Tetangga saya bertengkar di depan rumah.

Martono bercukur seminggu sekali.

Sophie becermin sebelum pergi ke kampus.

Pengantin baru itu sedang berbahagia.

Luigi sedang bersedih karena putus cinta.

ber- 접두사 (1)

ber-는 me-와 함께 인도네시아어에서 가장 많이 쓰는 접두사입니다. ber-는 주로 목적어가 없는 자동사를 만들기 위하여 씁니다. ber-는 동사, 명사, 형용사와 결합하여 어근의 기본 뜻을 그대로 나타내거나 수행한다는 뜻이 있습니다. 명사에 붙는 경우는 그 명사를 '소유하다, 사용하다'의 뜻을 나타냅니다.

1. ber-의 결합 규칙

ber-의 형태	어근		용례	
ber-	다른 조건에 해당되지 않는 경우	**a**yah	**ber**ayah	아버지를 가지다
		gembira	**ber**gembira	기뻐하다, 신나다
		duka	**ber**duka	비탄하다, 애도하다
		sepatu	**ber**sepatu	구두·신발을 신다
		kelahi	**ber**kelahi	싸우다, 몸싸움·말싸움하다
		canda	**ber**canda	농담하다
		pakaian	**ber**pakaian	옷을 입다·갈아입다
		sepeda	**ber**sepeda	자전거를 타다·몰다
be-	r로 시작하는 어근	**r**acun	**be**racun	독이 있다
		rapat	**be**rapat	회의를 하다
	첫 음절이 -er인 경우	**ker**ja	**be**kerja	일하다
		serta	**be**serta	함께, 참여하다
bel-	**a**jar	**a**jar	**bel**ajar	공부하다

ber-는 me- 접두사와 달리 결합 방법이 간단합니다. 우선 기본적으로 ber-는 바로 어근과 결합됩니다. 그러나 뒤에 오는 어근이 'r'로 시작하거나 첫 음절이 -er 소리로 끝나는 경우 등에 따라 2가지 음운 변화가 있습니다.

• r로 시작하는 어근과 결합하는 경우

ber-가 자음 r로 시작하는 어근과 결합할 때는 r이 두 번 중복되기 때문에 하나를 생략합니다.

be**r**	+	**r**acun	→	**be**racun	독이 있다
be**r**	+	**r**apat	→	**be**rapat	회의를 하다

• 첫 음절이 -er로 끝나는 어근과 결합하는 경우

첫 음절이 -er로 끝나는 어근과 결합할 때는 ber-가 be-로 바뀝니다.

be**r**	+	**ker**ja	→	**be**kerja	일하다
be**r**	+	**cer**min	→	**be**cermin	거울을 보다, 반성하다

단, seru, teriak, perangai, kerumun 등과 같이 어근의 철자가 -er로 시작한다고 해도 첫 음절이 -er로 끝나지 않고 -e로 발음하면 ber-는 그대로 씁니다. (음절 구분 표시 참조)

| ber- | + | teriak (te-ri-ak) | → | berteriak | 외치다, 비명을 지르다 |
| | | | | beteriak | (X) |

| ber- | + | gerak (ge-rak) | → | bergerak | 움직이다 |
| | | | | begerak | (X) |

● ajar과 결합하는 경우

ber-는 ajar과 결합할 때만 bel-로 바뀝니다.

| ber- | + | ajar | → | belajar | 공부하다 |

2. ber- 접두사 자동사와 자동사문

ber-가 붙은 동사는 목적어가 없는 자동사입니다. ber-가 붙은 자동사의 뜻은 어근에 따라 다르고 다양합니다. 이 과에서는 ber-가 명사, 동사, 형용사와 결합하여 자주 쓰이는 자동사를 학습하겠습니다.

A. ber- + 동사/명사　　　　　　　하다 / 실행하다 / 실천하다

| kerja | 일 | Saya adalah seorang mahasiswa dan belum bekerja. |
| → bekerja | 일하다 | 나는 대학생이며 아직 일을 하지 않는다. |

| ajar | 교육 | Kami sedang belajar bahasa Indonesia*. |
| → belajar | 공부하다 | 우리는 인도네시아어 공부를 하고 있다. |

| diri | 서다, 기립 | Para pelajar berdiri di lapangan sekolah. |
| → berdiri | 서다 | 학생들은 학교 운동장에서 서 있다. |

* belajar는 흔히 타동사로 생각하기 쉽지만 자동사입니다. 이 문장에서 **bahasa Indonesia**는 목적어가 아니라 보어(complement) 이기 때문입니다. 따라서 직역을 한다면 '인도네시아어를 공부한다'보다 '인도네시아어 공부를 한다'에 가깝습니다. 한국어로는 어느 쪽이든 같은 뜻입니다.

B. ber- + 동사/명사　　　　　　　서로 ~하다 / 다 함께 ~하다

| tengkar | 싸우다 | Saya dan adik saya bertengkar semalam. |
| → bertengkar | 싸우다 | 나와 내 동생은 어젯밤에 싸웠다. |

| diskusi | 토론, 논의 | Mereka sedang berdiskusi tentang acara itu. |
| → berdiskusi | 토론하다 | 그들은 그 행사에 대해서 논의하고 있다. |

| debat | 논의, 논쟁 | Mereka sedang berdebat di lomba debat. |
| → berdebat | 논쟁하다 | 그들은 토론 대회에서 논쟁을 하고 있다. |

3. 재귀동사로서의 ber- 접두사 자동사

명사, 동사 어근이 me-와 결합하면 '타인에게 어떤 행동을 하다'의 뜻을 나타내는 반면, 같은 어근이 ber-와 결합하면 '스스로 행동하다'라는 뜻의 재귀동사가 됩니다. 단, 상대의 타동사가 없는 ber- 접두사 재귀 자동사도 있으니 주의해야 합니다.

ber- + 동사/명사		자신에게 ~하다(재귀)
cukur	깎다, 이발	Ayah mencukur kumisnya setiap pagi. 아버지는 매일 아침에 수염을 깎는다.
→ mencukur	깎다	
→ bercukur	면도하다	Ayah bercukur setiap pagi. 아버지는 매일 아침에 면도를 한다.
sisir	빗	Sophie menyisir rambutnya sebelum keluar rumah. 소피는 집을 나가기 전에 그녀의 머리를 빗었다.
→ menyisir	빗다	
→ bersisir	머리를 빗다	Sophie bersisir sebelum keluar rumah. 소피는 집을 나가기 전에 머리를 빗었다.

4. 형용사로서의 ber- 접두사 자동사

또한 ber-는 감정을 표현하는 형용사 어근과 결합할 수 있습니다. 이 경우는 동사지만 감정을 나타내기 때문에 형용사를 꾸며 주는 부사와 함께 쓸 수 있습니다.

ber- + 형용사		어떠한 상태에 처하다 / ~해하다
gembira	기쁘다	Kami sangat bergembira.
→ bergembira	기뻐하다	우리는 아주 기뻐하고 있다.
sedih	슬프다	Orang tua kami sedang bersedih karena kejadian tersebut.
→ bersedih	슬퍼하다	우리 부모님은 그 사건 때문에 슬퍼하고 있다.

Latihan · 연습문제

1. 다음 어근을 ber- 접두사와 결합하여 올바른 동사형을 만들어 보세요.

doa		dandan	
bicara		sekolah	
tengkar		duka	
temu		jalan	
gembira		tamu	

2. 괄호 속 동사를 ber- 접두사 형태로 바꿔 문장을 완성하세요.

보기	Kami berlari (lari) di lapangan tadi pagi.

(1) Pelajar-pelajar itu sedang _____ (bahasa) Inggris.

(2) Penyanyi itu _____ (nyanyi) dengan merdu.

(3) Chul Soo dan Sophie _____ (ajar) bahasa Indonesia setiap hari.

(4) Saya _____ (cukur) sebelum berangkat bekerja.

(5) Tina sedang _____ (bicara) dengan ibunya di telepon.

(6) Tikus itu tidak bisa _____ (gerak) lagi.

(7) Ayah sedang _____ (sedih) karena _____ (tengkar) dengan ibu.

(8) Anak-anak itu selalu _____ (canda) di dalam kelas.

(9) Laki-laki itu tidak berkeringat waktu _____ (olahraga).

(10) Setiap hari adik saya _____ (jalan) kaki ke sekolah.

Kamu Sudah Pernah?

Tina	He, Martono.
	Kamu sudah pernah ikut ujian TOPIK, kan?
Martono	Ah, belum. Siapa bilang?
Tina	Oh, ya?
	Saya dengar kamu sudah pernah.
Martono	Belum, kok. Kata siapa, sih?
Tina	Kata anak-anak.
Martono	Saya belum bisa berbahasa Korea.
	Saya baru akan ikut minggu depan.
Tina	Wah! Saya juga.
Martono	Kalau begitu sampai bertemu
	di tempat ujian, ya.

넌 한 적이 있어?

띠나	마르토노!
	TOPIK 시험 본 적 있지?
마르토노	아~, 아직이야. 누가 그래?
띠나	아, 그래?
	네가 봤다고 들었는데.
마르토노	아직 못 봤는데. 누가 그랬는데?
띠나	애들이 그랬어.
마르토노	난 아직 한국어를 못해.
	난 다음 주 볼 거야.
띠나	왜! 나도.
마르토노	그럼 시험장에서 보자.

새 단어

ikut 따르다, (시험 등을) 치르다
TOPIK 한국어능력시험
saya dengar 내가 듣기로는
kata ~ ~의 말에 따라
tempat ujian 시험장

• **Kamu (sudah) pernah** ikut ujian TOPIK? 한국어능력시험(TOPIK) 본 적이 있어요?

  Ya, (sudah) pernah. 네, 있어요.

  Ya, saya sudah pernah (**ikut ujian TOPIK**). 네, (TOPIK 본 적이) 있어요.

  Tentu saja! 당연하지!

• **Anda (sudah) pernah** ke Jepang? 일본에 가 본 적이 있어요?

  Belum, belum pernah. 아니요, 아직은 없어요.

  Belum, saya belum pernah (**ke Jepang**). 아니요, 아직은 (일본에 가 본 적이) 없어요.

🔅 **Tip** │ 부사 sudah / belum

★ sudah

– 한국어의 과거 어미 '–았–/–었–'과 달리 어떤 행동을 다 했는지, 아니면 못했는지에 대해 말하는 경우에 씁니다.
 sudah는 주로 '이미' 또는 '벌써'라고 해석되지만, '다 했다', '하고 왔다'로 해석하면 좀 더 자연스러운 번역문이 됩니다.

  ┌ A : Kamu sudah makan? 밥은 먹었어?
  └ B : Ya, saya sudah makan. 응, 먹었어. → 지금은 다 먹고 왔다.

  ┌ A : Kamu sudah membuat PR? 숙제 다 했어?
  └ B : Ya, sudah. 네. 다 했어요. → 지금은 숙제가 다 풀렸다.

– 단순한 과거 시제 문장에서는 쓰지 않지만, 경험을 나타내는 부사 pernah와는 함께 씁니다.

  Saya sudah bertemu dengan dia tahun lalu. (X)
  Saya bertemu dengan dia tahun lalu. (O) 나는 지난해에 그를 만났다.
  Saya sudah pernah bertemu dengan dia. (O) 나는 그를 만난 적이 있다.

★ belum

– sudah의 부정 표현은 belum입니다. '아직 ~하지 못했다'고 할 때 씁니다.

  ┌ A : Kamu sudah makan? 밥은 먹었어?
  └ B : Belum, saya belum makan. 아니, 아직 안 먹었어.

  ┌ A : Kamu sudah membuat PR? 숙제 다 했어?
  └ B : Belum. 아직이요.

1. 다음 대화를 듣고 빈칸을 채워 보세요.

Martono	He, Tina!
Tina	Eh, Martono. _____? Sudah siap?
Martono	Saya rasa saya sudah siap.
Tina	Iya, saya juga, tetapi saya sedang _____.
	Saya belum tidur.
Martono	_____. Kamu sudah minum _____?
Tina	Belum, saya belum makan _____ _____.
Martono	Aduh! Kamu mau _____ atau _____?
Tina	_____. Segelas *americano* dan sepotong *bagel*.
Martono	Baiklah. Tunggu, ya.
Tina	Terima kasih, Martono.

2. 앞의 대화를 다시 듣고 다음 질문에 답하세요.

⑴ 띠나와 마르토노는 어디에 무엇을 하러 왔나요?

_____

⑵ 마르토노가 띠나에게 무엇을 사 주려고 하나요?

_____

Liburan Kenaikan Kelas

Nama saya Indri, pelajar SMU Swadaya, Jakarta. Saya dan teman-teman baru saja berlibur ke Bali pada liburan kenaikan kelas kemarin. Saya membeli tiket pesawat ke Bali di agen perjalanan. Agen perjalanan itu menjual tiket pesawat dengan harga miring. Kami masing-masing hanya membayar 400 ribu rupiah.

Saya pergi berlibur dengan 4 orang teman sekolah saya. Nama mereka adalah Andi, Sinta, Rina, dan Tino. Kami masing-masing membawa sebuah koper kecil dan sebuah ransel. Kami juga membawa 2 pasang sepatu olahraga dan sepasang sandal. Kami tidak lupa membawa pakaian berenang.

Dari Jakarta sampai Bali memakan waktu kurang lebih 2 jam. Kami menginap di pulau Bali selama 3 hari 2 malam. Kami berjalan-jalan ke Tanah Lot, Tapak Siring, Kuta, dan Seminyak. Kami berbelanja di pasar Sukowati. Saya membeli oleh-oleh khas Bali, seperti brem Bali, salak Bali, dan juga kain Bali. Kami kembali ke Jakarta pada hari Rabu. Kami sangat senang berlibur ke Bali dan lain kali ingin kembali ke sana.

 berlibur 휴가를 보내다　**kenaikan kelas** 학년 진급　**agen perjalanan** 여행사　**harga miring** 할인된 가격　**masing-masing** 각, 각자

1. 앞의 읽기 내용을 참고해서 다음 문장이 맞으면 B, 틀리면 S에 ○ 표시하세요.

   (1) Mereka tinggal dan berjalan-jalan di Bali.   B   S

   (2) Mereka pelajar SMU di Jakarta.   B   S

   (3) Dari Jakarta sampai Bali memakan waktu 2 jam.   B   S

   (4) Mereka menginap di Bali selama 3 malam.   B   S

   (5) Mereka pergi ke Bali pada hari Minggu.   B   S

2. 다음 질문에 답하세요.

   (1) Di mana Indri membeli tiket pesawat ke Bali?

   _____

   (2) Berapa harga tiket pesawat ke Bali?

   _____

   (3) Mereka membawa apa saja?

   _____

   (4) Mereka berjalan-jalan ke mana saja di pulau Bali?

   _____

   (5) Indri membeli apa saja di pulau Bali?

   _____

감탄사 (1)

인도네시아어의 감탄사는 한국어의 감탄사보다 범위가 넓습니다. 인도네시아어의 감탄사는 한국어에서 주로 형용사로 나타내는 감정이나 심리 표현까지 포함하기 때문입니다. 사용하지 않아도 괜찮지만 의미 전달을 정확하게 하기 위해서는 사용해도 좋습니다. 감탄사의 종류는 매우 많은데, 이번 과에서는 가장 기본적이고 많이 쓰이는 감탄사를 설명하겠습니다.

• he

인사할 때, 주의를 줄 때, 사람을 부를 때 등에 씁니다.

He, mau ke mana?	야, 어디 가니?
He cepat, kita sudah terlambat.	야 빨리! 우리 늦었어.

• kan

bukan의 준말이며 확인하거나 강조할 때 씁니다.

Kan, ibu tidak memasak?	엄마는 요리를 안 하셨잖아.
Hari ini hari ulang tahunmu, **kan**?	오늘은 네 생일이잖아.

• ah

실망, 후회, 좌절, 당황, 황당, 반대 등의 감정을 나타냅니다.

Jangan begitu, **ah**. Tidak baik.	그러지 좀 마! 안 좋거든.
Ah, kenapa harus itu?	왜 하필 그거여야 돼?

• kok

kenapa 대신에 쓰거나 문장의 전체 의미를 강조할 때 씁니다.

Kok kamu tidak datang?	넌 왜 안 와?
Dia **kok** yang duduk di sini.	여기 앉은 사람은 바로 그였다.

• ya

의문이 들 때 확인하거나, 강조하면서 묻거나, 강조하면서 명령하거나 시킬 때 씁니다.

Dia pacarmu, **ya**?	그녀는 네 애인, 맞지?
Siapa **ya** dia?	그는 누구지?
Jangan lupa, **ya**.	잊지 마, 알았지?

Saya Akan Bersepeda di Monas

나는 모나스에서 자전거를 탈 겁니다

학습내용: Isi Pelajaran

- ber- 접두사 (2)
- ber- 접두사에 의한 자동문의 구성
- 표현 : 계획을 물어보고 설명하기
- 부사 akan
- 중국어 차용어

Budi berkemeja hitam dan bercelana putih.

Tina beranting dan berkalung emas.

Sophie berambut pirang dan panjang.

Lidya berkulit hitam dan bergigi putih.

Para pelajar itu berkeringat karena panas.

Sakura dan azalea berbunga di musim semi.

Saya dan adik-adik saya **akan** pergi bertiga.

Ayah dan ibu menonton TV di rumah berdua.

ber- 접두사 (2)

2과에서 ber-가 동사, 명사, 형용사 등과 결합하여 자동사로 쓰이는 경우에 대해서 학습했습니다. 이 과에서는 ber-가 명사와 결합될 때와 다른 의미로 쓰이는 경우를 알아보겠습니다.

1. '가지다, 소유하다'를 의미하는 ber- 접두사 자동사

기본적으로 ber-가 명사와 결합할 때는 대부분 그 명사를 소유한다는 뜻을 나타냅니다.

ber- + 명사		가지다 / 소유하다
ⓐ rambut	머리카락	Naomi berambut hitam dan panjang.
→ berambut	머리카락을 가지다	나오미는 검정색 긴 머리를 하고 있다.
ⓑ umur	나이	Adik saya berumur 15 tahun.
→ berumur	나이를 가지다	내 동생은 15살이다.
ⓒ gelar	학위	Dosen saya bergelar doktor ilmu kedokteran.
→ bergelar	학위를 가지다	우리 교수님은 의학 박사 학위가 있다.
ⓓ teman	친구	Chul Soo berteman dengan Sophie, Tina, dan Martono.
→ berteman	친구가 되다	철수는 소피, 띠나, 마르토노와 친구가 되었다.

ⓐ, ⓑ, ⓒ 예문에서 ber- 동사 뒤에 밑줄 친 부분은 보어가 아니라 ber-와 결합한 rambut, umur, gelar 등을 꾸며 주는 말입니다. '~을 가지다'의 뜻이 있는 ber- 동사는 memiliki 또는 punya로 풀어서 쓸 수 있습니다(Step 1 학습 내용).

Naomi **berambut** hitam dan panjang.

→ Naomi memiliki **rambut** hitam dan panjang.

Adik saya ber**umur** 15 tahun.

→ Adik saya memiliki **umur** 15 tahun.

단, ⓓ의 berteman은 '친구를 가지다'의 뜻이 아니라 '친구가 된다'의 뜻이기 때문에 memiliki 또는 punya로 풀어서 쓸 수 없습니다.

2. '사용하다'를 의미하는 ber- 접두사 자동사

ber- 접두사 자동사는 그 명사를 사용하거나 쓰거나 탄다는 뜻이 됩니다. 일반적으로 쓰거나 사용한다는 의미를 나타내는 ber- 접두사 자동사는 같은 뜻을 나타내는 memakai 또는 탈것을 탄다는 뜻일 때는 naik으로 풀어서 쓸 수 있습니다.

ber- + 명사		사용하다 / 쓰다 / 타다
seragam → berseragam	제복 제복을 입다	Kami berseragam setiap hari. Kami memakai seragam setiap hari. 우리는 매일 제복을 입는다.
kacamata → berkacamata	안경 안경을 끼다	Para turis berkacamata hitam di siang hari. Para turis memakai kacamata hitam di siang hari. 관광객들은 낮에 선글라스를 썼다.
sepeda → bersepeda	자전거 자전거를 타다	Kemarin kami bersepeda di taman Sungai Hangang. Kemarin kami naik sepeda di taman Sungai Hangang. 우리는 어제 한강공원에서 자전거를 탔다.

3. '나다, 내다, 낳다'를 의미하는 ber- 접두사 자동사

각각 '내다'의 뜻인 mengeluarkan, '생산하다'의 뜻인 menghasilkan, 또는 '낳다'의 뜻인 melahirkan으로 풀어서 쓸 수 있습니다.

ber- + 명사		나다 / 내다 / 낳다
buah → berbuah	열매 열매가 열리다	Pohon mangga di halaman kami sudah berbuah. Pohon mangga di halaman kami sudah menghasilkan buah. 우리 마당에 있는 망고나무에는 열매가 열렸다.
keringat → berkeringat	땀 땀이 나다	Laki-laki itu berkeringat karena hari ini panas. Laki-laki itu mengeluarkan keringat karena hari ini panas. 오늘 더워서 저 남자는 땀이 났다.
anak → beranak	자식, 새끼 아기를 낳다	Anjing saya beranak semalam. Anjing saya melahirkan anak semalam. 어젯밤에 우리 개가 새끼를 낳았다.

4. '~라고 부르다'를 의미하는 ber- 접두사 자동사

memanggil로 풀어서 쓸 수 있습니다.

ber- + 명사		~라고 부르다
kakak → berkakak	손위를 부르는 호칭 (손위)라고 부르다	Dia berkakak kepadaku padahal dia lebih tua. Dia memanggil kakak kepadaku padahal dia lebih tua. 그녀는 나보다 나이가 더 많은데 나를 언니라고 부른다.
ibu → beribu	어머니 엄마라고 부르다	Anak itu beribu kepada ibu Siti. Anak itu memanggil ibu kepada ibu Siti. 그 아이는 시띠 선생님에게 엄마라고 부른다.

5. '몇 명이서'를 의미하는 ber- 접두사 부사

ber- 접두사는 수사와 결합하면 동사가 아닌 '둘이서, 셋이서' 등 복수를 나타내는 부사로 씁니다. '혼자서'라고 할 때는 bersatu가 아닌 부사 sendiri를 써야 합니다.

ber- + 수사		복수를 나타냄
dua → berdua	둘 둘이서	Saya dan ibu saya tinggal hanya berdua. 나와 우리 엄마는 단둘이서 산다.
tiga → bertiga	셋 셋이서	Kami pergi bertiga ke Denpasar. 우리는 덴파사르에 셋이서 간다.
satu* → sendiri	하나 혼자서	Chul Soo datang sendiri ke pesta ulang tahun Tina. 철수는 띠나의 생일 파티에 혼자 왔다.

* 수사 satu는 ber- 접두사와 결합하여 동사를 만들 수 있습니다. 이때 뜻은 '혼자서'가 아니라 '하나가 되다, 통일되다'의 뜻을 나타냅니다.

satu → bersatu	하나 하나가 되다	Jerman bersatu pada tahun 1990. 독일은 1990년에 통일되었다.

1. 다음 어근을 ber- 접두사와 결합하여 올바른 동사형을 만들어 보세요.

kulit			topi	
sepatu			telur	
bau			jaket	
usia			bunga	
sepuluh			darah	

2. 다음 문장의 밑줄 친 동사를 memiliki, memakai 등의 동사를 이용하여 바꾸어 쓰세요.

> 보기
>
> Tina **berkulit** dan **berambut** hitam.
>
> → Tina **memiliki kulit** dan **rambut** hitam.

⑴ Kakak tidak **bermobil** hari ini karena mobilnya rusak.

_____

⑵ Kakak laki-laki saya **beranak** 2 orang.

_____

⑶ Kami berempat **berumur** 25 tahun dan **berkacamata**.

_____

⑷ Tanaman-tanaman di kebun sudah **berbunga** semua.

_____

⑸ Ayah **berkemeja** cokelat tua dan ibu **berblus** merah muda ke pesta.

_____

Apa yang Akan Kamu Lakukan?

Chul Soo	Naomi. Apa yang akan kamu lakukan akhir minggu ini?
Naomi	Hmm… Saya akan bersepeda di Monas.
Chul Soo	Oh, ya? Kamu bisa naik sepeda?
Naomi	Tentu saja bisa. Kamu sendiri mau ke mana?
Chul Soo	Saya mau beristirahat di rumah saja. Akhir-akhir ini saya sangat capai.
Naomi	Kamu akan tidur saja seharian?
Chul Soo	Mungkin iya. Mungkin tidak.
Naomi	Sebaiknya kamu berolahraga atau berjalan-jalan di sekitar rumah kamu.
Chul Soo	Suka-suka gue, dong.
Naomi	Terserah lu, deh.

뭐 할 거예요?

철수	나오미. 이번 주말에 뭐 할 거야?
나오미	음… 모나스에서 자전거 탈 거야.
철수	그래? 자전거 탈 줄 알아?
나오미	당연히 알지. 너야말로 뭐 할 건데?
철수	난 그냥 집에서 쉴래. 요즘 많이 피곤해.
나오미	하루 종일 그냥 잘 거야?
철수	그럴 수도 있고 아닐 수도 있어.
나오미	집 근처에서 산책하는 게 낫겠다.
철수	내 맘이지.
나오미	네 맘대로 해.

새 단어

tentu saja 당연하지, 당연히
akhir-akhir ini 요새, 최근에
seharian 하루 종일
suka-suka ~ ～ 마음대로

• Apa yang akan **kamu** lakukan akhir minggu ini?　　　이번 주말에 뭐 할 거예요?

　　Saya akan bersepeda di Monas.　　　　　　　　　난 모나스에서 자전거를 탈 거예요.

　　Saya akan berjalan-jalan ke Puncak.　　　　　　　나 뿐짝에 놀러갈 거예요.

　　Saya akan bertamasya ke kebun binatang.　　　　　난 동물원에 놀러갈 거예요.

• Kamu **mau** ke mana akhir minggu ini?　　　　　　이번 주말에 어디에 갈 거예요?

　　Saya mau menonton film berdua dengan pacar saya.　난 애인과 함께 둘이서 영화를 볼 거예요.

　　Saya mau makan-makan dengan keluarga saya.　　난 가족과 함께 외식을 할 거예요.

　　Saya mau beristirahat di rumah saja.　　　　　　난 그냥 집에서 쉴래요.

💡 **Tip** | 부사 akan

인도네시아어는 시제가 없지만 현재 진행을 보여 주는 부사 sedang과 과거 완료를 보여 주는 부사 sudah가 있습니다. 이 밖에도 미래의 확실한 계획이나 반드시 일어날 사실을 보여 주는 부사 akan이 있습니다.

－ akan은 sedang, sudah과 마찬가지로 동사 앞에 씁니다.

　　┌ A : Kamu akan pergi ke mana?　　　넌 어디 갈 거야?
　　└ B : Saya akan pergi ke Semarang.　　난 스마랑에 갈 거야.
　　┌ A : Apakah dia akan datang berdua?　그는 (누군가와) 둘이서 올 건가요?
　　└ B : Ya, dia akan datang berdua.　　네, 그는 둘이서 올 거예요.

－ 일상생활에서 akan은 '하고 싶다' 또는 '원하다'의 뜻을 나타내는 부사 mau로 바꿔 쓸 수 있습니다.

　　┌ A : Kamu mau ke mana?　　　　　넌 어디 갈 거야?
　　└ B : Saya mau menonton film.　　　난 영화 보러 갈 거야.
　　┌ A : Dia mau datang dengan siapa?　그는 누구와 함께 올 건가요?
　　└ B : Dia mau datang dengan pacarnya.　그는 여자친구와 함께 올 거예요.

1. 다음 내용을 듣고 빈칸을 채워 보세요.

Naomi	Chul Soo! Apa yang kamu lakukan akhirnya _____?
Chul Soo	Oh! Saya akhirnya bersepeda di sekitar rumah dan _____ di taman.
Naomi	Kamu tidak capai lagi sekarang?
Chul Soo	Tidak. Kamu _____ _____ hari Jumat ini?
Naomi	Ya. Kenapa?
Chul Soo	Kamu mau menonton film di _____ dengan saya?
Naomi	Setelah _____ kantor? Boleh saja.
Chul Soo	Saya akan menunggu kamu hari Jumat di lobi jam _____ _____, ya?
Naomi	Baiklah. Sampai hari Jumat nanti.
Chul Soo	Ya. Selamat bekerja, Naomi.

2. 앞의 대화를 다시 듣고 다음 질문에 답하세요.

(1) 철수는 결국 지난 주말에 무엇을 했습니까?

_____

(2) 철수와 나오미는 몇 시에 퇴근합니까?

_____

Wajib Belajar di Indonesia

Jenjang pendidikan di Indonesia hampir sama dengan jenjang pendidikan di Korea. Anak-anak berumur di bawah 6 tahun bersekolah di taman kanak-kanak atau TK. Setelah TK, anak-anak berumur 6 hingga 12 tahun bersekolah di Sekolah Dasar (SD) sementara anak-anak berumur 12 hingga 15 tahun bersekolah di Sekolah Menengah Pertama (SMP). Remaja berusia 15 hingga 18 tahun bersekolah di Sekolah Menengah Atas (SMA). Setelah lulus SMA, setiap orang dapat memilih berkuliah di perguruan tinggi atau langsung bekerja.

Pelajar TK biasanya berseragam bebas. Pelajar SD berseragam putih merah, pelajar SMP berseragam putih biru, dan pelajar SMA berseragam putih abu-abu. Mahasiswa perguruan tinggi biasanya tidak berseragam, kecuali akademi pariwisata, akademi kepolisian, dan lain sebagainya.

TK adalah jenjang pendidikan anak usia dini sementara SD dan SMP adalah jenjang pendidikan dasar. SMA adalah jenjang pendidikan menengah sebelum menimba pendidikan tinggi di perguruan tinggi. Jenjang pendidikan tinggi di Indonesia terbagi atas program vokasi, sarjana (S-1), magister (S-2), dan doktor (S-3). Mulai Juni 2015, anak-anak Indonesia wajib belajar sejak SD hingga SMA atau jenjang pendidikan menengah.

 단어   **jenjang pendidikan** 교육 단계   **di bawah ~** ~ 미만   **dan lain sebagainya** 등등   **menimba** 취득하다, 획득하다   **vokasi** 직업 학교
    wajib belajar 의무 교육

1. 앞의 읽기 내용을 참고해서 다음 문장이 맞으면 B, 틀리면 S에 ○ 표시하세요.

(1) Pelajar SD berusia di bawah 6 tahun.   B   S

(2) Pelajar SMA berusia 15 hingga 18 tahun.   B   S

(3) Pelajar TK juga memakai seragam.   B   S

(4) Mahasiswa akademi kepolisian memakai seragam.   B   S

(5) Anak-anak Indonesia wajib belajar selama 12 tahun.   B   S

2. 다음 질문에 답하세요.

(1) Berapa usia pelajar TK?

_____

(2) Pelajar berusia 12 hingga 15 tahun bersekolah di mana?

_____

(3) Pelajar SD berseragam apa?

_____

(4) Apakah mahasiswa perguruan tinggi berseragam?

_____

(5) Jenjang pendidikan tinggi Indonesia terbagi atas apa saja?

_____

중국어 차용어

자카르타 원주민인 브따위(Betawi)족이 사용하는 gue, lu, cepek, ceban 등의 어원은 중국 남부 지방에 있는 복건성의 방언입니다. 사실은 브따위어뿐 아니라 인도네시아어에도 loteng, lonceng, bantu, nenek, kakak, adik, bakmi, bakso, hio 등 복건성 방언에서 빌려 쓰는 말이 있습니다.

인도네시아어의 복건성 방언 차용어들과 달리 자카르타와 주변 지역에서 쓰이는 차용어는 일상생활에서 공식 용어는 아닙니다. 유행어와 거의 비슷한 개념이며 주로 친한 사람 사이에서만 씁니다. 또한 상인과 흥정을 할 때도 자주 사용합니다.

- **gue**   (我) 1인칭 단수 대명사이고 인도네시아어의 aku와 같은 뜻입니다.

- **lu**   (汝) 2인칭 단수 대명사이고 인도네시아어의 kamu와 같은 뜻입니다

  ┌ A : **Gue** mau ke rumah Tina.   난 띠나네 집에 가려고.
  │   **Lu** mau ikut?   너도 같이 갈래?
  └ B : Mau sih mau, tapi **gue** lagi sibuk.   가고는 싶지만 지금 난 바빠.

- **cepek**   (一百) '100'의 뜻입니다.

- **gopek**   (五百) '500'의 뜻입니다.

- **ceceng**   (一千) '1,000'의 뜻입니다.

- **goceng**   (五千) '5,000'의 뜻입니다.

- **ceban**   (一万) '10,000'의 뜻입니다.

- **goban**   (五万) '50,000'의 뜻입니다.

  ┌ A : Bang, ke terminal. Berapa?   아저씨, 버스 터미널까지요. 얼마예요?
  │ B : **Ceban**, deh. Macet!   만 루피아요. 길이 막혀요.
  │ A : **Goceng**, deh Bang!   그냥 오천 루피아로 하죠.
  └ B : Hmm... Naik!   음… 타세요!

53

Sudah Berapa Lama Tinggal di Sini?

여기에 산 지 얼마나 되었습니까?

학습내용: Isi Pelajaran

- 어근 동사
- 어근 동사에 의한 자동문과 타동문의 구성
- 표현 : 지속 시간 물어보기
- 부사 sudah lama / baru saja / belum lama
- 청유 감탄사 ayo와 mari

Ayah selalu bangun jam 5 pagi.

Naomi masih ingat laki-laki itu.

Budi jatuh waktu berjalan-jalan di taman.

Saya sudah lupa wajah kakek.

Pencuri itu masuk lewat jendela.

Anak itu minta uang kepada ibunya.

Toko itu baru saja buka.

Kami sudah lama kenal dia.

어근 동사

me- 접두사와 ber- 접두사 동사 외에도 접사가 없이 쓸 수 있는 단순 동사(어근 동사)도 있습니다. [The 바른 인도네시아어 Step 1]에서 배운 pergi, datang, tinggal, pulang, kembali 등이 여기에 속합니다. 이러한 동사들은 무조건 기억하는 수밖에 없습니다.

1. 어근 자동사

어근 동사

tidur	자다	Bayi itu tidur di kamar. 그 아기는 방에서 잔다.
bangun	일어나다	Ayah selalu bangun jam 5 pagi. 아버지는 항상 아침 5시에 일어난다.
duduk	앉다	Saya suka duduk di taman sambil membaca buku. 나는 공원에 앉아서 책을 읽는 것을 좋아한다.
jatuh	떨어지다	Minggu lalu saya jatuh waktu berjalan-jalan di taman. 나는 지난주에 공원에서 산책을 하다가 넘어졌다.
keluar	나가다	Akhirnya ayah saya keluar dari kantor. 마침내 우리 아버지가 사무실에서 나왔다.
masuk	들어가다	Pencuri itu masuk lewat jendela. 그 도둑은 창문을 통해 들어왔다.
naik	올라가다	Anjing kami naik ke atas meja karena takut. 우리 개는 무서워서 테이블 위로 올라갔다.
turun	내려가다	Adik saya tidak mau turun dari mobil. 내 동생은 차에서 내리고 싶어 하지 않는다.
buka	열다	Toko itu buka pada hari Minggu. 그 가게는 일요일에 문을 연다.
tutup	닫다	Toko roti itu tutup pada hari Minggu. 저 빵집은 일요일에 문을 닫는다.

naik은 자동사로도 쓰고, 타동사로도 씁니다. 자동사로 쓸 때는 '올라가다'의 뜻이고, 타동사로 쓸 때는 '타다'의 뜻입니다.

naik 자동사	올라가다	Anjing kami naik ke atas meja karena takut. 우리 개는 무서워서 테이블 위로 올라갔다.
naik 타동사	타다	Kami naik bus ke kampus. 우리는 대학교에 버스를 타고 갔다.

또한 buka, tutup은 '문을 열다, 문을 닫다'로 해석하지만 타동사가 아니라 자동사입니다. 타동사 membuka, menutup과 비교해 보세요.

buka 자동사	열다	Toko itu buka pada hari Minggu. 그 가게는 일요일에 문을 연다.
membuka 타동사	열다	Pak Rahmat membuka toko itu pada hari Minggu. 라흐맛 씨는 일요일에 그 가게를 연다.
tutup 자동사	닫다	Toko roti itu tutup pada hari Minggu. 저 빵집은 일요일에 문을 닫는다.
menutup 타동사	닫다	Bu Sally menutup tokonya pada jam 9 malam. 살리 씨는 (그녀의) 가게를 저녁 9시에 닫는다.

2. 어근 타동사

[Step 1]에서 배운 makan, minum, punya 등이 여기에 해당합니다.

어근 동사

ingat	기억하다	Saya masih ingat laki-laki itu. 난 아직 저 남자를 기억하고 있다.
lupa	잊다	Nenek sudah lupa wajah kakek. 할머니는 할아버지의 얼굴을 다 잊었다.
tahu	알다	Ibu tahu semua teman kakak. 어머니는 오빠의 친구를 모두 알고 있다.
kenal	(누구를) 알다	Kami tidak kenal siapa pun di pesta itu. 우리는 그 파티에서 아무도 몰랐다.

minta	요구하다	Teman saya minta uang kepada saya. 친구는 나에게 돈을 요구했다.
ikut	따르다, 참가하다	Adik saya ikut ibu saya ke pasar. 내 동생은 어머니를 따라 시장에 갔다.
mau	원하다	Lidya mau blus kemarin itu. 리디아는 어제 그 블라우스를 원한다.
lewat	지나다	Setiap pagi ayah lewat sekolah saya. 매일 아침에 아버지는 우리 학교를 지나간다.
suka	좋아하다	Istri pak Michael suka baju-baju di toko itu. 마이클 씨의 부인은 그 가게의 옷들을 좋아한다.
benci	아주 싫어하다	Saya benar-benar benci laki-laki jelek itu. 난 정말로 그 못생긴 남자를 싫어한다.

이 중에서 ikut, mau, suka, benci는 다른 동사와 함께 써서 조동사의 기능을 하기도 합니다.

ikut	따르다, 참가하다	Adik saya ikut berbelanja dengan ibu saya ke pasar. 내 동생은 어머니와 함께 시장에 장 보러 따라갔다.
mau	원하다	Lidya mau membeli blus kemarin itu. 리디아는 어제 그 블라우스를 사고 싶다.
suka	좋아하다	Istri pak Michael suka berbelanja di mal. 마이클 씨의 부인은 쇼핑몰에서 쇼핑하는 것을 좋아한다.
benci	아주 싫어하다	Saya benar-benar benci bekerja pada hari Minggu. 난 정말로 일요일에 일하는 것을 싫어한다.

1. 사전을 사용하여 다음 어근 동사가 자동사인지 타동사인지 쓰세요.

selesai		sayang	
ingin		kenal	
mati		lahir	
mogok		mulai	
punya		habis	

2. 앞의 문제에서 주어진 동사를 이용해서 다음 문장을 완성하세요.

⑴ Kue ulang tahun itu sudah _____ . Rasanya sangat enak.

⑵ Ibu Siti _____ 2 ekor kucing. Namanya si Belang dan si Hitam.

⑶ Kelas saya _____ jam 9. Saya pulang jam 10 malam.

⑷ Rapat _____ jam 8, tetapi Chul Soo datang jam setengah 9.

⑸ Ibu guru _____ kepada kami semua.

⑹ Mobil saya _____ di tengah jalan.

⑺ Saya tidak _____ wanita cantik itu.

⑻ Kami _____ memesan piza untuk makan malam.

⑼ Tina _____ di Maumere 21 tahun yang lalu. Tina berumur 21 tahun.

⑽ Anjing saya _____ 3 tahun yang lalu.

Sudah Berapa Lama?

Chul Soo	Permisi, Bapak.
Rahmat	Siang, Dik. Siapa, ya?
Chul Soo	Saya Chul Soo, murid ibu Siti.
Rahmat	Oh, Dik Chul Soo. Mari! Mari!
	Silakan masuk.
Chul Soo	Terima kasih, Pak. Ibu Siti ada?
Rahmat	Ibu sedang ke depan sebentar.
	Sebentar lagi pasti datang.
Chul Soo	Kalau begitu, saya tunggu di sini saja.
Rahmat	Silakan. Dik Chul Soo sudah berapa lama
	tinggal di sini?
Chul Soo	Baru 1 tahun, Pak.
Rahmat	Wah! Hebat, ya.
	Sudah bisa berbahasa Indonesia.
Chul Soo	Ha ha ha. Ah, Bapak bisa saja.

얼마나 됐어요?

철수	실례합니다. 선생님.
라흐맛	안녕하세요. 누구시죠?
철수	저는 철수라고 하는데요.
	시띠 선생님의 제자입니다.
라흐맛	아, 철수 씨. 자, 자! 들어오세요.
철수	감사합니다. 선생님은 계세요?
라흐맛	잠깐 외출 중이에요.
	좀 있으면 곧 올 거예요.
철수	그럼 여기서 기다릴게요.
라흐맛	그래요.
	여기에 산 지 얼마나 됐어요?
철수	1년밖에 안 돼요.
라흐맛	와! 대단하네요.
	인도네시아어 벌써 잘하네요.
철수	하하하. 별말씀을요.

새 단어

permisi 실례하다

mari (청유할 때 쓰는 말)

• **Sudah berapa lama** kamu tinggal di sini?　　여기에 산 지 얼마나 되었어요?

　Saya sudah **11 tahun** tinggal di sini.　　난 여기에 산 지 벌써 11년이 되었어요.

　Saya sudah lama tinggal di sini.　　난 여기에 산 지 오래되었어요.

　Saya baru **1 tahun** tinggal di sini.　　난 여기에 산 지 1년밖에 안 되었어요.

　Saya baru saja tinggal di sini.　　난 여기에 산 지 얼마 안 되었어요

• **(Apakah)** kamu **sudah lama** sampai di sini?　　여기에 도착한 지 오래되었어요?

　Ya, saya sudah lama sampai di sini　　네, 난 도착한 지 오래되었어요.

　Belum, saya belum lama sampai di sini.　　아니요, 난 도착한 지 아직 오래되지 않았어요.

　Tidak, saya baru saja sampai di sini.　　아니요, 난 여기에 막 도착했어요.

💡 **Tip** | 부사 sudah lama / baru saja / belum lama

★ 어떠한 행동이나 상태가 얼마나 지속되는지를 말할 때

주로 부사 sudah와 baru를 사용합니다. '~한 지 벌써 ~가 되었다'고 할 때 sudah, '~한 지 ~밖에 안 됐다'고 할 때는 baru 를 씁니다.

> 주어 + **sudah / baru** + 기간 + 서술어

┌ Saya sudah 11 tahun tinggal di Indonesia.　　난 인도네시아에 산 지 11년이나 되었다.
└ Ibu sudah 2 jam pergi berbelanja.　　엄마는 장보러 간 지 2시간이나 되었다.

┌ Saya baru 20 menit tiba di sini.　　난 여기에 도착한 지 20분밖에 안 되었다.
└ Kakak baru 2 tahun bekerja di kantornya sekarang.　　형은 지금 회사에서 일한 지 2년밖에 안 되었다.

★ 지속 기간을 밝히지 않을 때

sudah lama, baru saja, belum lama를 써서 표현합니다.

┌ Saya sudah lama tinggal di Indonesia.　　난 인도네시아에 산 지 오래되었다.
└ Indonesia sudah lama merdeka.　　인도네시아는 독립된 지 오래되었다.

┌ Saya baru saja tiba di sini.　　난 여기에 도착한 지 얼마 안 되었다.
└ Timor Leste baru saja merdeka.　　동티모르는 독립된 지 얼마 안 되었다.

┌ Saya belum lama tiba di sini.　　난 여기에 도착한 지 아직 얼마 안 되었다.
└ Timor Leste belum lama merdeka.　　동티모르는 독립된 지 아직 얼마 안 되었다.

1. 다음 대화를 듣고 빈칸을 채워 보세요.

| Rahmat | Dik Chul Soo mau minum apa? Panas? Dingin? |
| Chul Soo | _____ _____ saja, Pak. Terima kasih. |

(tidak lama kemudian)

Rahmat	Mari. Silakan diminum. Nah, itu ibu sudah _____.
Chul Soo	Siang, Bu Siti. Dari mana, Bu?
Siti	Eh, Chul Soo. Kamu sudah lama sampai?
Chul Soo	Belum, Bu. Baru _____ _____.
Siti	Kebetulan saya baru _____ mangga. Kamu mau?
Chul Soo	Boleh, Bu. Saya suka mangga.
Siti	Sebentar, ya. Saya _____ dulu.
Chul Soo	Mari. Silakan, Bu.

2. 앞의 대화를 다시 듣고 다음 질문에 답하세요.

(1) 철수는 시띠 선생님을 얼마나 기다렸습니까?

_____

(2) 시띠 선생님은 무엇을 사 왔나요?

_____

Buku Harian

Apakah Anda pernah menulis buku harian? Saya sangat suka menulis buku harian saya supaya saya tidak lupa kegiatan saya hari itu. Kalau saya lupa, saya akan membuka dan membaca kembali buku harian saya. Saya sudah lama mengoleksi buku harian saya. Kali ini, saya mau menulis tentang kegiatan saya hari ini.

Hari ini hari Minggu. Hari ini saya bangun tidur jam setengah 9 pagi. Saya mandi lalu sarapan bersama keluarga saya pada jam 9. Setelah sarapan, saya ikut ibu saya ke supermarket, tetapi supermarket itu tidak buka. Supermarket itu tutup karena baru saja terbakar. Oleh karena itu kami harus naik bus ke Grand Market untuk berbelanja. Kami terpaksa makan siang di Grand Market karena sudah lewat jam makan siang.

Kami selesai berbelanja jam 3 sore dan tiba di rumah pada jam 4 sore. Saya dan ibu saya mulai memasak makan malam pada jam 5. Setelah memasak, saya mandi dan keramas dengan bersih. Kami sekeluarga makan malam bersama pada jam 7 malam. Saya mencuci piring setelah makan malam lalu menonton TV di ruang keluarga bersama ayah saya. Hari ini saya capai sekali. Saya mau tidur sebelum jam 11 malam.

Bagaimana kegiatan Anda hari ini? Anda sudah menulis buku harian Anda?

단어　supaya ~하도록　kegiatan 일, 활동, 업무　tentang ~대해　oleh karena itu 그러므로, 그러한 이유로　terpaksa 어쩔 수 없이

1. 앞의 읽기 내용을 참고해서 다음 문장이 맞으면 B, 틀리면 S에 ○ 표시하세요.

   (1) Dia selalu lupa kegiatannya setiap hari.　　　　　　　B　　S

   (2) Supermarket tutup karena hari itu hari Minggu.　　　　B　　S

   (3) Mereka makan siang di Carrefour.　　　　　　　　　　B　　S

   (4) Dia mandi dan keramas setelah memasak.　　　　　　B　　S

   (5) Dia akan tidur sebelum jam 11 malam.　　　　　　　B　　S

2. 다음 질문에 답하세요.

   (1) Sudah berapa lama dia mengoleksi buku hariannya?

   _____

   (2) Jam berapa dia makan pagi dengan keluarganya?

   _____

   (3) Mereka pergi ke Grand Market naik apa?

   _____

   (4) Kapan dia menonton TV?

   _____

   (5) Kenapa dia mau tidur sebelum jam 11 malam?

   _____

청유 감탄사 Ayo와 Mari

인도네시아에서는 어떠한 행동을 같이하자고 청할 때 문장 또는 동사 앞에 청유 감탄사 ayo, mari 등을 붙여 말합니다. ayo는 회화체로 yuk라고도 합니다.

• Ayo

Ayo makan!	밥 먹자.
Ayo kita makan di Nyonya Suharti!	뇨냐 수하르띠에서 밥 먹자.
Ayo berbelanja di sana!	저기서 쇼핑하자.

• Yuk

Yuk pergi!	가자.
Yuk kita pergi ke kantin!	구내 식당으로 가자.
Yuk pergi ke mal!	쇼핑몰에 가자.

• Mari

Mari pulang!	집에 가자.
Mari kita pulang ke rumah!	집에 가자.
Mari ikut kita ke warung!	매점에 같이 가자.

Mari는 먼저 자리를 뜰 때 하는 '실례합니다'의 뜻도 있고, 허락 또는 허용을 나타내는 '그러세요',의 뜻으로도 씁니다. 허락 또는 허용의 뜻을 나타낼 때는 주로 silakan과 함께 쓰여 부드러운 권유를 나타냅니다.

A : **Mari**, Pak! Saya duluan		실례합니다. 전 먼저 갈게요.
B : **Mari**! Sampai besok, ya.		그래요! 내일 봐요.
A : Terima kasih, Pak!		고맙습니다, 아저씨.
B : **Mari**! Sama-sama.		그래요! 천만에요.
A : Selamat siang, Pak.		안녕하세요, 선생님.
B : **Mari**! **Mari**! Silakan masuk.		그래, 그래! 들어와.

Kamu Tidak Boleh Merokok di Sini

너는 여기서 담배를 피우면 안 돼

학습내용: Isi Pelajaran

- me- 접두사 (2)
- me- 접두사에 의한 자동문의 구성
- 표현 : 허락 구하기
- 부사 boleh / bisa
- 동물 소리

Lidya bisa menari Bali.

Tina bisa menyanyi solo.

Perut ibu hamil itu membesar.

Sophie mendekat kepada Chul Soo.

Chul Soo suka mengopi setelah makan.

Martono tidak boleh merokok.

Para murid menyemut di lapangan.

Martono mendengkur waktu tidur.

me- 접두사 (2)

1과에서 배운 대로 me- 접두사는 동사와 결합하는 경우 타동사가 됩니다. me- 접두사 타동사는 일반적으로 어근의 뜻을 수행한다는 뜻을 나타냅니다. 다만, 예외로 목적어가 없는 자동사로 쓰는 me- 접두사 동사도 있습니다.

1. me- 접두사 자동사

me- + 동사		~하다 / ~로 있다
nyanyi	노래하다	Saya menyanyi solo*.
→ menyanyi	노래하다	나는 솔로로 노래한다.
tari	추다	Lidya menari Bali* di atas panggung.
→ menari	추다	리디아는 무대 위에서 발리 춤을 춘다.
lompat	뛰다	Adik melompat di atas got.
→ melompat	뛰다	동생은 도랑 위에 뛰었다.
jadi	되다	Ayah baru saja menjadi manajer* di kantornya.
→ menjadi	되다	아버지가 최근에 회사에서 과장이 되었다.

* 2과에서 배웠던 belajar처럼 자동사 뒤에 있는 목적어처럼 보이는 어휘는 사실은 목적어가 아니라 보어입니다. menjadi는 '~이 되다'의 뜻이기 때문에 'menjadi manajer'는 '매니저가 되다'로 해석하면 됩니다.

2. '~이 되다, ~어지다'를 의미하는 me- 접두사 자동사

me- 접두사는 형용사 또는 명사와 결합하면 '~이 되다' 또는 '~어지다'의 뜻이 됩니다. 따라서 menjadi 동사로 풀어서 쓸 수도 있습니다.

me- + 형용사/명사		~이 되다 / ~어지다
besar	크다	Perut ibu hamil itu membesar.
→ membesar	커지다	Perut ibu hamil itu menjadi besar.
		그 임산부의 배는 커졌다.
merah	빨간색	Daun-daun memerah pada musim gugur.
→ memerah	빨개지다	Daun-daun menjadi merah pada musim gugur.
		나뭇잎들은 가을에 빨개진다.

3. '~으로 향하다'를 의미하는 me- 접두사 자동사

me- 접두사는 위치를 보여 주는 형용사나 명사와 결합하면 '(그 방향)으로 향하다'의 뜻이 됩니다.

me- + 형용사/명사		~으로 향하다
dekat → mendekat	가깝다 다가오다	Dia mendekat kepadaku. 그는 나에게 다가왔다.
seberang → menyeberang	건너편 건너다	Nenek itu menyeberang sendiri. 그 할머니는 혼자서 건넜다.

4. '소비하다, 먹다, 마시다'를 의미하는 me- 접두사 자동사

다음 me- 접두사가 명사와 결합하여 구성된 자동사는 소비하거나 먹거나 마신다는 뜻입니다. 이러한 me- 접두사는 '소비하다'를 뜻하는 mengonsumsi, makan, minum 등의 다른 동사로 바꾸어 쓸 수 있습니다.

me- + 명사		소비하다 / 먹다 / 마시다
rokok → merokok	담배 담배를 피우다	Ayah Chul Soo merokok setiap hari. Ayah Chul Soo mengonsumsi rokok setiap hari. 철수의 아버지는 매일 담배를 피운다.
kopi → mengopi	커피 커피를 마시다	Orang Korea suka mengopi setelah makan. Orang Korea suka minum kopi setelah makan. 한국 사람은 식사한 뒤에 커피 마시는 것을 좋아한다.

5. '만들다'를 의미하는 me- 접두사 자동사

me- 접두사 자동사는 명사와 결합할 때 '만들다'의 뜻을 나타내기도 합니다. 이때 me- 접두사는 '만들다'를 뜻하는 membuat로 바꾸어 쓸 수 있습니다. 4번과 5번의 뜻은 서로 반대이기 때문에 해석할 때 문맥을 잘 파악해야 합니다.

me- + 명사		만들다
gulai → menggulai	카레 카레를 만들다	Ibu sedang menggulai di dapur. Ibu sedang membuat gulai di dapur. 어머니는 부엌에서 카레를 만들고 있다.
sambal → menyambal	삼발 삼발을 만들다	Kakak menyambal untuk makan malam. Kakak membuat sambal untuk makan malam. 언니는 저녁 식사를 위해 삼발을 만들었다.

6. '찾다, 구하다'를 의미하는 me-접두사 자동사

me-는 명사와 결합하여 '찾다, 구하다'의 뜻을 나타냅니다. 이때는 '찾다'를 뜻하는 mencari로 바꾸어 쓸 수 있습니다.

me- + 명사		찾다 / 구하다
rumput → merumput	잔디, 풀 풀을 찾아 먹다	Sapi-sapi itu sedang merumput di padang. Sapi-sapi itu sedang mencari rumput di padang. 그 소들은 들판에서 풀을 찾아 먹고 있다.
damar → mendamar	송진 송진을 채취하다	Laki-laki itu mendamar di dalam hutan. Laki-laki itu mencari damar di dalam hutan. 그 남자는 숲속에서 송진을 채취한다.

7. '~처럼 행동하다, ~의 형태를 가지다'를 의미하는 me-접두사 자동사

me-는 명사와 결합하여 어근의 뜻처럼 행동하거나 그 형태를 가진다는 뜻이 있습니다.

me- + 명사		~처럼 행동하다 / ~의 형태를 가지다
bukit → membukit	언덕 언덕처럼 되다	Pekerjaan saya membukit setelah liburan. 휴가 후에 나의 일은 산더미가 된다.
semut → menyemut	개미 개미처럼 몰려들다	Anak-anak menyemut di lapangan. 아이들은 광장에 개미처럼 몰려들었다.

me- 접두사의 마지막 뜻은 의성어와 관련이 있는데 이것에 대해서는 '언어와 문화'를 참조해 주세요.

1. 다음 어근을 me- 접두사와 결합하여 올바른 동사형을 만들어 보세요.

tari		merah	
seberang		rumput	
tinggi		rujak	
satai		gunung	
jauh		kecil	

2. 앞의 문제 중에서 알맞은 동사를 골라 다음 문장을 완성하세요. (사전 이용 가능)

(1) Saya mencuci baju saya dengan air panas. Baju saya _____ .

(2) Kami akan _____ ayam dan kambing malam ini.

(3) Dia sangat marah. Suaranya _____ .

(4) Kambing-kambing sedang _____ di lapangan.

(5) Saya dan adik saya suka _____ di diskotek.

(6) Dia _____ dari saya karena kami bertengkar.

(7) Baju kotornya _____ di kamar.

(8) Ibu sangat suka buah-buahan. Kami akan _____ untuk ibu.

(9) Pohon-pohon di Korea _____ pada bulan Oktober.

(10) Adik saya _____ di jembatan penyeberangan.

Saya Boleh Merokok?

Martono	Hei, Budi. Lagi apa kamu?
Budi	Wah, Martono. Sudah lama tidak bertemu.
Martono	Saya boleh merokok di sini?
Budi	Wah. Ini kawasan bebas rokok.
	Kamu tidak boleh merokok di sini.
Martono	Kalau begitu, saya bisa merokok di mana?
Budi	Kamu bisa merokok di ruangan merokok.
Martono	Tunggu sebentar, ya.
	Saya mau merokok dulu.
Budi	Saya tunggu di sini, ya.
	Kamu mau minum apa?
Martono	Teh Botol saja.
Budi	Oke!

담배 피워도 될까요?

마르토노	부디, 뭐하고 있어?
부디	어, 마르토노, 오랜만이야.
마르토노	나 여기서 담배 피워도 돼?
부디	아. 여긴 금연 구역이야.
	여기서 담배를 피우면 안 돼.
마르토노	그럼, 어디서 피울 수 있어?
부디	흡연실에서 담배를 피우면 돼.
마르토노	잠시만, 잠깐 피우고 올게.
부디	여기서 기다릴게. 뭐 마실래?
마르토노	그냥, 떼보똘. 고마워.
부디	알았어.

새 단어

kawasan bebas rokok 금연 구역

ruangan merokok 흡연실

• **Saya boleh merokok** di sini?　　　　　　　여기서 담배 피워도 되나요?

　　Ya, silakan. Anda boleh merokok di sini.　　네, 그러세요. 여기서 담배를 피워도 돼요.

　　Ya, Anda boleh merokok di sini.　　　　　네, 여기서 담배를 피워도 돼요.

　　Maaf. Anda tidak boleh merokok di sini.　　죄송해요. 여기서 담배를 피우시면 안 돼요.

• **Saya bisa merokok** di mana?　　　　　　어디서 담배를 피울 수 있나요?

　　Anda bisa merokok di luar.　　　　　　　밖에서 담배를 피우실 수 있어요.

　　Anda boleh merokok di ruangan merokok.　흡연실에서 담배를 피우실 수 있어요.

　　Maaf. Anda tidak bisa merokok di sekitar sini.　죄송해요. 이 근처에서 담배를 피우실 수 없어요.

 Tip | 부사 boleh / bisa

boleh과 bisa는 동사의 앞에 위치하여 동사를 보조해 줍니다.

★ boleh

해도 된다거나 좋다고 허락할 때 씁니다.

　　Kami boleh pulang setelah jam 6 sore.　　　　우리는 오후 6시 이후에 집에 가도 좋다.
　　Murid-murid boleh berbahasa Indonesia di kelas.　학생들은 교실에서 인도네시아어를 써도 된다.
　　Umat Islam tidak boleh minum bir.　　　　　이슬람교 신자는 맥주를 마시면 안 된다.

★ bisa

능력이 있어 가능한지 여부를 나타냅니다.

　　Saya bisa menyetir mobil.　　　　　　　　　난 운전할 줄 안다.
　　Kakak bisa memasak masakan Korea.　　　　언니는 한국 요리를 할 줄 안다.
　　Ayah saya bisa berbahasa Jerman dan Spanyol.　우리 아빠는 독일어와 스페인어를 할 줄 안다.

－ 단, 일상 회화에서 허용 여부를 말할 때는 boleh 대신에 bisa를 쓸 수 있습니다.

　　Kami bisa pulang setelah jam 6 sore.　　　　우리는 오후 6시 이후에 집에 가도 좋다.
　　Murid-murid bisa berbahasa Indonesia di kelas.　학생들은 교실에서 인도네시아어를 써도 된다.
　　Umat Islam tidak bisa minum bir.　　　　　이슬람교 신자는 맥주를 마시면 안 된다.

1. 다음 대화를 듣고 빈칸을 채워 보세요.

Budi	Lama _____ kamu. Dari mana saja?
Martono	Saya baru saja _____ dengan Sinta.
Budi	Oh, ya? Kamu _____ dengan dia?
Martono	Iya. Kenapa?
Budi	Saya boleh tahu _____ nomor teleponnya?
Martono	Ha ha ha. Jangan, ah!
Budi	Lo, _____? Ayo, dong! Berapa nomor teleponnya?
Martono	Hm... Oke, deh! Nih. 0812-941-9138.
Budi	Wah. Terima kasih, ya.
Martono	Sama-sama. _____, ya.
Budi	Ha ha ha.

2. 앞의 대화를 다시 듣고 다음 질문에 답하세요.

(1) 부디는 무엇을 물어봤습니까?

_____

(2) 부디는 왜 그것을 물어봤습니까?

_____

Mengapa Merokok Tidak Baik untuk Kesehatan?

Apakah Anda merokok? Sudah berapa lama Anda merokok? Anda merokok berapa batang dalam sehari? Apakah merokok baik untuk kesehatan Anda?

Rokok mengandung banyak zat kimia dan juga racun. Merokok tidak baik untuk kesehatan kita karena rokok mengandung nikotin, tar, dan gas karbon monoksida. Nikotin, tar, dan gas karbon monoksida tersebut dapat merusak paru-paru dan otak kita. Kesehatan kita dapat memburuk karena merokok. Kita dapat terjangkit penyakit jantung koroner, radang paru-paru, stroke, katarak, radang lambung, tulang keropos, rambut rontok, dan juga kanker karena merokok.

Kita dapat menjadi perokok pasif karena sering menghirup asap rokok. Kesehatan perokok pasif juga dapat memburuk karena perokok aktif di sekelilingnya. Seorang ayah dapat membunuh anak dan istrinya dengan asap rokoknya. Perokok pasif berisiko terjangkit penyakit jantung koroner, radang paru-paru, radang lambung, dan kanker lebih besar daripada perokok aktif.

Asap rokok membuat orang lain sesak napas, pusing, mual, dan tidak dapat berkonsentrasi. Merokok membuat napas, pakaian, dan tubuh kita menjadi bau. Merokok juga membuat kita dijauhi oleh teman-teman, keluarga, dan masyarakat. Merokok tidak baik untuk kesehatan dan pergaulan. Apakah Anda masih mau merokok?

---

 mengandung 함유하다, 포함하다   **terjangkit** (병 따위) 걸리다, 감염되다   **menghirup** (액체, 기체 등을) 마시다   **perokok pasif** 간접 흡연자
sekeliling 주위, 주변   **risiko** 손해 부담, 위험 부담   **dijauhi** 소외 당하다   **selain itu** 그 외에도

1. 앞의 읽기 내용을 참고해서 다음 문장이 맞으면 B, 틀리면 S에 ○ 표시하세요.

   ⑴ Merokok baik untuk kesehatan kita.   B   S

   ⑵ Nikotin, tar, dan gas karbon monoksida merusak paru-paru.   B   S

   ⑶ Perokok pasif menghirup asap rokok orang lain.   B   S

   ⑷ Perokok pasif berisiko sakit lebih kecil daripada perokok aktif.   B   S

   ⑸ Merokok tidak baik untuk pergaulan.   B   S

2. 다음 질문에 답하세요.

   ⑴ Rokok mengandung apa?

   _____

   ⑵ Kita dapat terjangkit penyakit apa karena merokok?

   _____

   ⑶ Kesehatan perokok pasif memburuk karena apa?

   _____

   ⑷ Asap rokok dapat membuat orang lain bagaimana?

   _____

   ⑸ Merokok membuat kita dijauhi oleh siapa?

   _____

동물 소리

동물의 소리를 나타내는 의성어에는 인도네시아어만의 특징이 있습니다. 의성어 앞에 **me-** 또는 **ber-**접두사를 붙이면 '~하고 운다'라는 뜻의 자동사가 됩니다.

동물	소리	동사	예문
개	gonggong	menggonggong	Anjing menggonggong.
고양이	ngeong	mengeong	Kucing mengeong.
쥐, 새 새끼	cicit	mencicit	Tikus (= Anak burung) mencicit.
염소, 양	embik	mengembik	Kambing (= Domba) mengembik.
소, 물소, 사슴	lenguh	melenguh	Sapi (= Kerbau) melenguh.
말	ringkik	meringkik	Kuda meringkik.
호랑이, 사자	aum	mengaum	Harimau (= Macan / Singa) mengaum.
늑대	lolong	melolong	Serigala melolong.
개구리, 물소	kuak	menguak	Katak (= Kerbau) menguak.
귀뚜라미	kerik	mengerik	Jangkrik mengerik.
까마귀	koak	berkoak	Gagak berkoak.
수탉	kokok	berkokok	Ayam jantan berkokok.
암탉	kotek	berkotek	Ayam betina berkotek.
새	kicau	berkicau	Burung berkicau.

Yang Berkulit Sawo Matang Adalah Lidya

가무잡잡한 피부의 사람은 리디아입니다

학습내용: Isi Pelajaran

- 대명사 yang
- 대명사 yang에 의한 문장 구성
- 표현 : 특징 물어보고 설명하기
- 정관사 및 부정관사
- 감탄사 (2)

A : Siapa yang beranting dan berkalung emas itu?
B : Yang beranting dan berkalung emas itu adalah Tina.

A : Siapa yang berkulit hitam itu?
B : Yang berkulit sawo matang itu adalah Lidya.

A : Yang mana Chul Soo?
B : Chul Soo adalah yang berjas dan berdasi itu.

A : Yang mana Sophie?
B : Sophie adalah yang berambut pirang dan berkulit putih itu.

대명사 yang

대명사 yang은 하나의 명사구를 구성하여, '~인, ~하는 것' 또는 '~하는 사람'으로 해석할 수 있습니다. 명사, 형용사, 동사와 같이 쓸 수 있습니다.

1. 대명사 yang의 용도

대명사 yang은 주로 많은 사람이나 물건들 중에 특정한 사람이나 물건을 지목하여 묘사하기 위해 많이 씁니다.

(명사) Anak saya **laki-laki.**   우리 아이는 남자다.

→ Yang **laki-laki** adalah anak saya.   (그) 남자아이는 우리 아이다.

(동사) Anak saya **sedang belajar.**   우리 아이는 공부하고 있다.

→ Yang **sedang belajar** adalah anak saya.   공부하고 있는 사람은 우리 아이다.

(형용사) Anak saya **baik dan ramah.**   우리 아이는 착하고 친절하다.

→ Yang **baik dan ramah** adalah anak saya.   착하고 친절한 사람은 우리 아이다.

2. 대명사 yang 명사구가 주어 역할을 할 경우

대명사 yang 명사구가 주어 역할을 할 경우, 서술어는 명사(adalah 동사 포함)뿐만 아니라 동사, 형용사를 쓸 수도 있습니다.

> 주어(yang ~) + 서술어(명사 / 동사 / 형용사)

Yang **laki-laki** (adalah) orang Korea.   (그) 남자는 한국 사람이다.

Yang **sedang belajar** itu tidak berbicara.   (그) 공부하고 있는 사람은 말하지 않는다.

Yang **baik dan ramah** itu tidak cantik.   (그) 착하고 친절한 사람은 예쁘지 않다.

3. 지시사 itu를 함께 쓰는 경우

특정한 한 사람 또는 물건을 강조하기 위해 yang 명사구 뒤에 지시사 itu를 붙입니다. 여기서 itu는 영어의 정관사 the의 역할을 하는데 굳이 '그, 저'를 붙여서 해석하지 않아도 됩니다.

Yang **berkaki empat dan mengeong** adalah kucing.

다리가 4개이고 '야옹'하고 우는 것은 고양이이다.   (일반적인 사실)

Yang **berbulu hitam dan jantan** itu adalah kucing saya.

(그) 털이 까맣고 수컷인 것은 내 고양이이다.   (특정한 한 마리의 고양이를 가리킬 때)

Yang berbulu hitam dan jantan adalah kucing saya.

털이 까맣고 수컷인 것은 내 고양이이다.   (털이 까맣고 수컷인 모든 고양이)

Yang beroda dua dan cepat adalah motor.

바퀴가 2개이고 빠른 것은 오토바이이다.   (일반적인 사실)

Yang berwarna merah dan baru itu adalah motor saya.

빨간색이고 새것은 나의 오토바이이다.   (특정한 1대의 오토바이를 가리킬 때)

Yang berwarna merah dan baru adalah motor saya.

빨간색이고 새것은 나의 오토바이이다.   (빨간색이고 새로운 모든 오토바이)

4. 사람의 특징을 묘사할 때

대명사 yang은 주로 사람의 특징을 묘사하거나 구분할 때 씁니다.

Yang berambut lurus adalah kakak saya.	생머리를 한 사람은 우리 언니이다.
Yang berambut mengombak adalah adik saya.	웨이브 머리를 한 사람은 우리 동생이다.
Yang berambut keriting adalah ibu saya.	곱슬머리를 한 사람은 우리 어머니이다.
Yang botak adalah ayah saya.	대머리를 한 사람은 우리 아버지이다.
Yang berambut hitam adalah Tina.	검은 머리를 한 사람은 띠나이다.
Yang berambut pirang adalah Sophie.	금발 머리를 한 사람은 소피이다.
Yang beruban adalah kakek saya.	흰머리를 한 사람은 우리 할아버지이다.
Yang berkulit hitam adalah Rosa.	검은(어두운) 피부의 사람은 로사이다.
Yang berkulit sawo matang adalah Lidya.	가무잡잡한 피부의 사람은 리디아이다.
Yang berkulit putih adalah Sophie.	흰 피부의 사람은 소피이다.
Yang berkulit kuning langsat adalah Chul Soo.	황인 피부의 사람은 철수이다.

5. 대명사 yang 명사구가 서술어 역할을 할 경우

대명사 yang 명사구가 서술어의 역할을 할 경우, 주로 '~이다'를 뜻하는 adalah과 함께 씁니다.

> 주어 + 서술어(adalah yang ~)

Kakak saya adalah yang **berkemeja putih**.   나의 형은 하얀 셔츠를 입은 사람이다.

Adik saya adalah yang **bercelana hitam**.

내 동생은 검은 바지를 입은 사람이다.

Ayah saya adalah yang **berjas abu-abu**.

우리 아버지는 회색 재킷을 입은 사람이다.

Chul Soo adalah yang **sedang menelepon**.

철수는 통화하고 있는 사람이다.

Sophie adalah yang **sedang bersepeda**.

소피는 자전거를 타고 있는 사람이다.

Martono adalah yang **sedang makan**.

마르토노는 밥을 먹고 있는 사람이다.

6. 대명사 yang 명사구가 목적어 역할을 할 경우

대명사 yang 명사구는 목적어 자리에 올 수 있습니다.

주어 + 서술어 + 목적어(yang ~)

Saya membeli yang **berwarna putih**.

나는 하얀 것을 샀다.

Ibu memilih yang **tidak manis** untuk ayah.

어머니는 아버지를 위해서 달지 않은 것을 골랐다.

Orang Korea tidak suka yang **berminyak**.

한국 사람은 느끼한 것을 좋아하지 않는다.

7. 대명사 yang 명사구가 부사어 역할을 할 경우

대명사 yang 명사구는 부사어 자리에 올 수도 있습니다.

주어 + 서술어 + (목적어) + 부사어(전치사 + yang ~)

Kakak menulis dengan yang **berwarna biru**.

형은 파란 것으로 적었다.

Dia menulis surat untuk yang **ada di Jepang**.

그녀는 일본에 있는 사람을 위해 편지를 썼다.

Saya tidak masuk ke yang **sebelah kiri**.

난 왼쪽(에 있는) 것에 들어가지 않았다.

1. 제시된 표현과 대명사 yang을 이용하여 문장을 완성하세요.

> **보기**   Risma berkacamata, berambut panjang, dan cantik.
>   → **Yang berkacamata, berambut panjang, dan cantik adalah Risma.**

(1) Amelia berkulit sawo matang, berambut lurus, dan pandai menari.

_____

(2) Bangun tidak tinggi, tampan, dan bisa berbahasa Jawa.

_____

(3) Lina langsing, baik hati, ramah, dan modis.

_____

(4) Irene tomboi, galak, dan gesit.

_____

(5) Farras botak, berjaket jin, dan tidak gemuk.

_____

2. 제시된 어휘와 대명사 yang을 이용하여 문장을 완성하세요.

> **보기**   Lidya – pergi – tinggi dan berambut keriting (dengan)
>   → **Lidya pergi dengan yang tinggi dan berambut keriting.**

(1) Billy – suka makan – pedas dan berminyak

_____

(2) Ridwan – menelepon – ada di Jepang

_____

(3) Putri – membaca keras-keras – sakit (untuk)

_____

(4) Intan – mengirim surat – ada di wajib militer (kepada)

_____

(5) Fitri – selalu bermain – dekat dengannya (bersama)

_____

Yang Mana?

Budi	Siang, Martono. Kamu tahu Lidya?
Martono	Iya. Saya tahu dia. Kenapa?
Budi	Yang mana sih?
Martono	Dia kemarin ada di sini juga, kok.
Budi	Yang berambut panjang dan memakai kacamata?
Martono	Bukan! Yang berambut pendek dan berkemeja kotak-kotak biru.
Budi	Oh! Yang sedang belajar bahasa Korea kemarin itu, kan?
Martono	Betul! Nah, kamu ingat sekarang.
Budi	*Makasih*, Martono! Sampai nanti, ya.
Martono	Mari! Mari!

어떤 사람이야?

부디	안녕, 마르토노. 리디아 아니?
마르토노	응. 알아. 왜?
부디	어떤 사람이야?
마르토노	어제 여기 같이 있었는데.
부디	머리가 길고 안경 낀 애?
마르토노	아니! 머리가 짧고 파란 체크 무늬 셔츠를 입은 애.
부디	얘 한국어 공부를 하고 있는 애, 맞지?
마르토노	맞아! 자. 이제 기억났나 보네.
부디	고마워, 마르토노, 또 보자.
마르토노	그래! 그래!

새 단 어

kotak-kotak 체크무늬
ingat 기억하다, 기억나다

• **Yang mana** Lidya?

  Yang berambut panjang.

  Yang berkemeja kotak-kotak.

  Yang berambut panjang dan berkemeja kotak-kotak.

어느 쪽이 리디아예요?

긴 머리를 가진 사람이에요.

체크무늬 셔츠를 입은 사람이에요.

긴 머리를 가지고 체크무늬 셔츠를 입은 사람이에요.

• **Siapa yang** berambut panjang itu?

  Yang berambut panjang itu adalah Lidya.

  Itu adalah Lidya.

  Dia adalah Lidya.

긴 머리를 가진 사람이 누구예요?

저 긴 머리를 가진 사람이 리디아예요.

저 사람이 리디아예요.

그녀가 리디아예요.

💡 Tip │ 정관사 및 부정관사

원칙적으로 인도네시아어에는 정관사와 부정관사가 없습니다. 그러나 문장을 보면 itu, tersebut, seorang, sebuah, seekor 등과 같은 말이 자주 등장합니다. 이들은 굳이 '그/저, 언급된, 한 사람의, 하나의, 한 마리의' 등으로 해석할 필요는 없습니다. itu는 가리키면서 말할 때는 '그/저'를 뜻하지만, 구체적으로 가리키는 것이 없어도 '말하거나 언급한 그것'이라는 뜻으로 itu, tersebut을 붙여 씁니다. 한편 특정한 어떤 것이 아니라 그냥 '어떤 것' 또는 '하나의' 무엇인가를 설명할 때 부정관사의 역할을 하는 'se + 수량사'를 사용합니다. 영어 문장과 비교해 보세요.

Saya membeli sebuah buku kemarin. Buku itu sangat bagus.
I bought a book yesterday. The book was very good.
난 어제 책을 샀다. 그 책은 아주 좋았다.

Kakak bertemu dengan seorang pria. Pria itu sangat tampan.
My sister met a guy. The guy is very handsome.
언니는 어떤 남자를 봤다. 그 남자는 아주 잘생겼다.

Lina membeli seekor anjing. Anjing itu masih kecil.
Lina bought a dog. The dog is still young.
리나는 개를 샀다. 그 개는 아직 어리다.

1. 다음 대화를 듣고 빈칸을 채워 보세요.

Martono	He, Budi!
Budi	Eh, Martono. *Makasih* ya, _____.
Martono	Oh! Kamu sudah _____ dengan Lidya?
Budi	Ya, sudah. Saya tidak sengaja bertemu dengannya di _____ tadi.
Martono	Oh, ya?
Budi	Iya! Dan kamu tahu, *enggak*?
Martono	Apa?
Budi	_____ dia suka kamu, lo!
Martono	Ah, masa?
Budi	Ha ha ha!

2. 앞의 대화를 다시 듣고 다음 질문에 답하세요.

(1) 부디는 리디아를 봤을까요? 봤다면 어디서 봤다고 했나요?

_____

(2) 부디와 마르토노는 왜 웃었습니까?

_____

Umakain Amika
(Keluarga Kecil Saya)

Loron na tetu. Nu'u nabe? O naran sa? Nama saya Lidya Seran. Saya berasal dari Jakarta, tetapi saya berdarah Belu. Saya adalah seorang mahasiswa Universitas Jakarta program studi Jepang tingkat 3 dan berumur 21 tahun. Saya tinggal berenam dengan keluarga saya di Bekasi. Kami berbahasa Tetun-Terik di rumah.

Saya mau memperkenalkan keluarga saya kepada Anda sekalian. Yang berdiri di tengah di belakang dan berblus biru muda adalah saya. Yang berdiri di kiri dan kanan saya adalah kakak-kakak saya. Yang tinggi, berkacamata, dan berkemeja hitam garis-garis adalah kakak laki-laki saya. Nama kakak laki-laki saya adalah Frans dan dia berumur 27 tahun. Yang agak gemuk, berambut ikal, berblazer abu-abu, serta berblus putih adalah kakak perempuan saya. Namanya Rosa dan dia berumur 25 tahun. Kedua kakak saya sudah bekerja.

Yang duduk di depan di tengah adalah kakek saya. Kakek saya berusia 72 tahun. Kakek saya tidak berkacamata, berambut putih, serta berkulit sangat hitam. Yang duduk di sebelah kanan kakek, berkacamata, dan berjas adalah ayah saya. Kakek dan ayah saya sama-sama bernama Kornelis. Yang duduk di sebelah kiri kakek adalah ibu saya, Alicia. Ibu berpakaian tenun Flores dan bersanggul. Ayah dan ibu saya sama-sama berumur 51 tahun. Mereka berdagang madu hutan Flores asli di pasar.

단 어 **program studi** 학과, 분야 **garis-garis** 줄무늬 **tenun** 인도네시아 전통 방직 원단 **sama-sama** 양쪽 다, 모두

1. 앞의 읽기 내용을 참고해서 다음 문장이 맞으면 B, 틀리면 S에 ○ 표시하세요.

   (1) Lidya berasal dari Belu.   B   S

   (2) Keluarga Lidya memakai bahasa Indonesia di rumah.   B   S

   (3) Lidya memiliki 2 orang kakak dan seorang kakek.   B   S

   (4) Kakek Lidya bernama Kornelis.   B   S

   (5) Orang tua Lidya menjual madu hutan Flores.   B   S

2. 다음 질문에 답하세요.

   (1) Yang mana kakak laki-laki Lidya?

   _____

   (2) Yang mana kakak perempuan Lidya?

   _____

   (3) Yang mana kakek Lidya?

   _____

   (4) Yang mana ayah Lidya?

   _____

   (5) Yang mana ibu Lidya?

   _____

감탄사 (2)

2과에 이어 감탄사를 더 배워 보겠습니다. 외국어 특히 인도네시아어에서는 감탄사를 적절한 때에 잘 사용하면 '정말 잘한다'는 칭찬도 들을 수 있을 것입니다.

• sih

의문문에서는 아직 확실하지 않고 궁금하다는 뜻을 나타내고, 평서문에서는 정말로 또는 솔직히 그렇다는 뜻을 나타냅니다.

Siapa **sih** dia?	도대체 그는 누구지?
Mau **sih** mau, tetapi saya tidak punya uang.	하고는 싶지만 난 돈이 없다.

• nah

대화를 끝맺거나 어떤 결정이나 생각을 표현할 때 앞에 씁니다.

Nah, cukup sampai sini.	자, 여기까지.
Nah, itu sebabnya saya tidak suka ular.	그것이 바로 내가 뱀을 싫어하는 이유다.

• dong

표현을 귀엽거나 부드럽게 만듭니다.

Sudah, **dong**! Kita makan siang sekarang.	됐어, 어? 우리 이제 점심을 먹자.
Saya **dong** yang harus pergi.	가야 할 사람은 나겠네?

• deh

말을 강조하기 위해 씁니다. 자카르타 지역 방언입니다.

Sudah **deh**, jangan berisik!	됐다! 구시렁거리지 마!
Repot, **deh**! Begini saja.	사서 고생하네! 이렇게 하자!

• lo

놀랍거나 궁금하다는 뜻이나 부드럽게 강조할 때 씁니다. 휴대전화 문자를 쓸 때 주로 'lho' 또는 'loh'이라고 쓰기도 합니다.

Lo, kamu kok ada di sini?	넌 여기 왜 있지?
Bukan saya, **lo**!	나 아니야!

Kok Udangnya Tidak Dimakan?

새우는 왜 안 먹습니까?

학습내용: Isi Pelajaran

- 피동문 (1) – di- 접두사
- di- 접두사에 의한 피동문과 명령문의 구성
- 표현 : 이유 물어보고 답하기
- 접속사 karena / sebab / gara-gara
- 호칭

Lidya dipukul oleh Budi karena Budi marah.

Tangan Sophie dicakar oleh kucing.

Uang itu hilang gara-gara dicuri oleh pencuri.

Tina sedang ditelepon oleh Lidya.

Istana Changdeokgung dibangun pada tahun 1405.

Baju saya dibuat dari batik.

Dijual sebuah rumah di kawasan Menteng.

Dicari seorang sekretaris berbahasa Korea.

피동문 (1) – di- 접두사

피동문(수동문)은 어떠한 행위의 피행위자, 즉 능동문에서 목적어 자리에 있는 대상이 주어의 자리에 오는 문장을 뜻합니다. 한편 그 행위를 하는 행위자는 피동문에서 부사어가 됩니다.

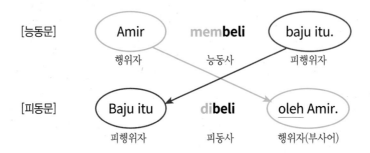

Amir는 beli(산다)의 행위자이고, Baju itu는 피행위자입니다. 능동문에서는 행위자가 주어의 자리에 있지만, 피동문에서는 행위자 표시 전치사 oleh와 함께 써서 부사어가 됩니다. 반면에 능동문에서 목적어 자리에 있던 피행위자는 피동문에서는 주어가 됩니다. '산다'는 행위를 나타내는 동사는 능동문에서 me- 접두사와 결합하여 능동사가 되는 반면에 피동문에서는 di- 접두사와 결합하여 피동사가 됩니다.

1. 어근 타동사가 피동사가 되는 경우

makan, minum 등과 같은 어근 동사 앞에 di- 접두사를 결합하면 피동사가 됩니다.

어근	능동/수동	뜻	예문
makan	makan	먹다	Tina makan kue itu. 띠나는 그 케이크를 먹었다.
	dimakan	먹히다	Kue itu dimakan oleh Tina. 그 케이크는 띠나가 먹었다(띠나에게 먹혔다).
minum	minum	마시다	Budi minum kopi itu. 부디는 그 커피를 마셨다.
	diminum	마셔지다	Kopi itu diminum oleh Budi. 커피는 부디가 마셨다(부디에 의해 마셔졌다).

2. me- 접두사 타동사가 피동사가 되는 경우

me- 접두사 타동사의 경우 me- 접두사가 빠진 동사의 어근에 di- 접두사를 결합하면 피동사가 됩니다.

어근	능동/수동	뜻	예문
sapu	menyapu	쓸다	Wanita itu menyapu halaman. 그 여자는 마당을 쓸었다.
	disapu	쓸어지다	Halaman disapu oleh wanita itu. 마당은 저 여자가 쓸었다(여자에게 쓸어졌다).

ambil	**meng**ambil	가져가다	Luigi mengambil uang saya. 루이기는 내 돈을 가져갔다.
	diambil	가져가지다	Uang saya diambil **oleh** Luigi. 내 돈은 루이기가 가져갔다(루이기에 의해 가져가졌다).
lap	**menge**lap	닦다	Pelayan itu mengelap meja kami. 종업원은 우리 테이블을 닦았다.
	dilap	닦이다	Meja kami dilap **oleh** pelayan itu. 우리 테이블은 종업원이 닦았다(종업원에 의해 닦였다).

3. 전치사 oleh의 사용

능동 타동문의 주어는 피동문에서 행위자 표시 전치사 oleh를 붙여 부사어 자리에 옵니다. 행위자가 피동사 바로 뒤에 오는 경우는 전치사 oleh를 생략해도 괜찮습니다. 그러나 피동사와 행위자 사이에 다른 부사어(시간, 장소, 방법 등)가 있거나 행위자가 사람이 아닌 경우는 oleh를 꼭 써야 합니다.

Kue itu dimakan (oleh) Tina.   →   Kue itu dimakan **semalam** oleh Tina.
                                           Kue itu dimakan **semalam** Tina.   (X)

Uang saya diambil (oleh) Luigi.   →   Uang saya diambil **dari dompet** oleh Luigi.
                                           Uang saya diambil **dari dompet** Luigi.   (X)

Meja kami dilap (oleh) pelayan itu. → Meja kami dilap **bersih-bersih** oleh pelayan itu.
                                           Meja kami dilap **bersih-bersih** pelayan itu.   (X)

4. 조동사 역할을 하는 부사의 사용

피동문에서 조동사의 역할을 하는 부사 akan, belum, harus, sudah, boleh 등은 피동사 앞에 위치합니다. 그러나 행위자의 의지나 능력을 나타내는 부사 mau, bisa가 쓰인 능동문은 때에 따라서 피동문으로 바꿀 수 없는 경우도 있습니다.

Tina akan **makan** kue itu.   →   Kue itu akan **dimakan** oleh Tina.

Tina belum **makan** kue itu.   →   Kue itu belum **dimakan** oleh Tina.

Tina harus **makan** kue itu.   →   Kue itu harus **dimakan** oleh Tina.

Tina sudah **makan** kue itu.   →   Kue itu sudah **dimakan** oleh Tina.

Tina boleh **makan** kue itu.   →   Kue itu boleh **dimakan** oleh Tina.

Tina mau **makan** kue itu.   →   Kue itu mau **dimakan** oleh Tina.   (△)

Tina bisa **makan** kue itu.   →   Kue itu bisa **dimakan** oleh Tina.   (△)

5. 피동문의 사용

인도네시아어에서 피동문은 한국어나 영어보다 자주 사용됩니다. 기본적으로 목적어, 즉 피행위자가 주제가 되는 경우는 능동문보다 피동문을 사용하는 것이 보통입니다.

Tina **makan kue itu**.	→ **Kue itu** dimakan oleh Tina.
띠나는 그 케이크를 먹었다.	그 케이크는 띠나가 먹었다.
Luigi **mengambil uang saya**.	→ **Uang saya** diambil oleh Luigi.
루이기는 내 돈을 가져갔다.	내 돈은 루이기가 가져갔다.
Pelayan itu **mengelap meja kami**.	→ **Meja kami** dilap oleh pelayan itu.
종업원은 우리 테이블을 닦았다.	우리 테이블은 그 종업원이 닦았다.

피동문에서는 행위자가 중심이 되지 않고, 행위를 받는 관점에서 서술되는 문장입니다. 또한 행위자를 밝힐 수 없거나 밝힐 필요가 없을 경우에도 피동문을 사용합니다.

Tas saya dibuat dari kulit buaya.	내 가방은 악어 가죽으로 만들었다.
Istana Gyeongbokgung dibangun pada tahun 1395.	경복궁은 1395년에 창건되었다.
Pintu masuk akan dibuka pada jam 7 malam.	출입구는 저녁 7시에 열 것이다.
Obat itu harus diminum sehari sekali.	저 약은 하루에 한 번 먹어야 한다.

6. 공공 문구의 피동문

피동문은 구직, 판매 등과 같은 광고에서 흔히 씁니다. 누가 찾거나 판매하는지는 중요하지 않고 찾는 대상 또는 판매되는 대상을 부각할 때 피동문을 씁니다.

Dicari sebuah mobil keluaran tahun 1977.	1977년도 자동차를 구합니다.
Dijual sebuah rumah di kawasan Menteng.	멘뗑 지역에 집 한 채를 팝니다.
Dibutuhkan 2 orang sekretaris.	2명의 비서가 필요합니다.

7. 부드러운 명령과 겸손한 요청의 피동문

부드럽게 명령하거나 또는 겸손하게 요청할 때도 피동문을 씁니다. 상대방에게 직접 명령하는 것이 아니라 부드럽고 겸손하게 해 달라고 요청하는 느낌의 표현입니다.

Kuenya dimakan, ya!	케이크 좀 드세요.
Silakan dilihat-lihat dulu!	우선 둘러 보세요.
Tolong dibuka setelah makan!	먹은 후 열어 주세요.

1. 다음 타동사를 피동사로 바꿔 쓰세요.

mengambil		mengangkat	
memukul		memeluk	
menyapu		memotong	
membuat		mengepel	
menangkap		merusak	

2. 제시된 능동문을 피동문으로 바꿔 쓰세요.

> **보기**　　　Anjing kami menggigit bapak itu tadi pagi.
>
> → **Bapak itu digigit (oleh) anjing kami tadi pagi.**

(1) Adik sudah minum obat batuk semalam.

_____

(2) Anak-anak itu merusak bunga di taman.

_____

(3) Laki-laki itu memetik bunga itu untuk pacarnya.

_____

(4) Ibu Rina belum membalas email saya hari ini.

_____

(5) Pak Ismail akan menelepon saya nanti malam.

_____

(6) Tommy menjemput saya di Bandara Ngurah Rai, Denpasar kemarin.

_____

(7) Lani merobek dan membuang surat itu ke tong sampah.

_____

(8) Diana mencari kamu sejak tadi pagi.

_____

Dibungkus!

Chul Soo	Naomi. Kok udangnya tidak dimakan?
Naomi	Hmm... Saya tidak bisa makan udang.
Chul Soo	Lo, kenapa tidak bisa?
Naomi	Karena saya punya alergi.
Chul Soo	Aduh! Kamu mau makan yang lain?
Naomi	Hmm... Boleh. Dibungkus saja.
Chul Soo	Kamu mau mi goreng Aceh?
Naomi	Jangan! Saya tidak makan mi.
Chul Soo	Apa sebabnya kamu tidak makan mi?
Naomi	Hmmm... Sebab saya sedang diet.
Chul Soo	Ya ampun, Naomi! Kamu sudah kurus!
	Mas! Mi goreng Acehnya satu! Dibungkus!

포장해 주세요!

철수	나오미. 새우는 왜 안 먹어?
나오미	아… 난 새우를 못 먹어.
철수	어? 왜 못 먹어?
나오미	난 알레르기가 있어.
철수	아야! 다른 걸 먹을래?
나오미	음… 그래. 포장하는 걸로.
철수	미고랭 아체 먹을래?
나오미	안 돼! 난 국수 안 먹어.
철수	국수 안 먹는 이유가 뭐야?
나오미	아… 난 다이어트 중이라서
철수	세상에, 나오미! 넌 이미 날씬해. 여기요! 미고랭 아체 하나 포장이요.

새 단어
yang lain 다른 것
jangan 안 돼, 하지 마!
dibungkus 포장하다, 포장되다
Mas 남성에 대한 존칭

• **Kenapa** udangnya tidak dimakan?　　　　　　　새우는 왜 안 먹어요?

　Karena saya tidak bisa makan udang.　　　　　새우를 못 먹기 때문이에요.

　Sebab saya punya alergi udang.　　　　　　　새우 알레르기가 있어서요.

• **Apa sebabnya** kamu tidak makan mi?　　　　면을 안 먹는 이유가 뭐예요?

　Karena saya sedang diet.　　　　　　　　　　다이어트 중이기 때문이에요.

　Sebab saya tidak suka mi.　　　　　　　　　면을 안 좋아해서요.

　Gara-gara diet.　　　　　　　　　　　　　다이어트 때문에요.

Tip | 접속사　karena / sebab / gara-gara

접속사는 주로 문장, 절, 구, 그리고 낱말을 접속시키는 데 쓰는 말로, Step 1에서는 시간 관련 접속사 waktu, sebelum, sesudah를 배웠습니다. 이 과에서는 이유를 말하는 데 사용하는 접속사로 karena, sebab, gara-gara를 설명하겠습니다.

★ 긍정과 부정을 말할 때

– karena와 sebab은 긍정적과 부정적인 이유를 말할 때 씁니다.
– gara-gara는 부정적인 이유를 말할 때만 씁니다.

　　　Kenapa kamu makan sekarang?　　　　　　　왜 지금 먹어요?

　　　　Saya makan sekarang karena saya lapar.　　배고파서 지금 먹어요.

　　　　Saya makan sekarang sebab saya lapar.

　　　　Saya makan sekarang karena saya belum makan.　　아직 안 먹어서 지금 먹어요.

　　　　Saya makan sekarang sebab saya belum makan.

　　　　Saya makan sekarang gara-gara saya belum makan.

★ 문장, 절, 구, 어휘와 접속할 때

– karena와 gara-gara는 문장과 절뿐만 아니라 낱말이나 구가 뒤에 올 수 있습니다.
– sebab 뒤에는 문장이나 절만 올 수 있습니다.

　　　Kenapa kamu terlambat?　　　　　　　　　너 왜 늦었어?

　　　　Saya terlambat karena kecelakaan.　　　사고 때문에 늦었어.

　　　　Saya terlambat gara-gara kecelakaan.

　　　　Saya terlambat karena ada kecelakaan.　　사고가 있었기 때문에 늦었어.

　　　　Saya terlambat sebab ada kecelakaan.

　　　　Saya terlambat gara-gara ada kecelakaan.

1. 다음 대화를 듣고 빈칸을 채워 보세요.

Pelayan	Ini mi goreng Aceh, Kak.
Chul Soo	Mas! _____!
Pelayan	Oh! Maaf. Saya kira _____ di sini.
Naomi	_____ _____, Mas. Kami makan di sini saja.
Pelayan	Baik, Mbak.
Naomi	Jangan "mbak", Mas!
Chul Soo	Kamu mau _____ apa?
Naomi	"Kak" saja. _____ _____ orang Indonesia, kan?
Pelayan	Baik, Kak. Saya dipanggil "abang" saja. Saya orang Sumatera, lo.
Naomi	Baik, Bang! Es Kelapa satu lagi. Jangan dibungkus!

2. 앞의 대화를 다시 듣고 다음 질문에 답하세요.

⑴ 철수가 포장해 달라고 한 음식은 제대로 나왔나요?

_____

⑵ 나오미는 자신을 어떻게 부르라고 말했나요? 또한 음식점 직원은 뭐라고 불러 달라고 말했나요?

_____

Candi Borobudur

Borobudur adalah sebuah candi Buddha di dekat Magelang, Jawa Tengah. Borobudur adalah salah satu situs warisan dunia UNESCO. Borobudur juga adalah candi Buddha paling besar di dunia. Borobudur mulai dibangun pada tahun 770 Masehi dan selesai dibangun sekitar tahun 825 Masehi.

Borobudur memiliki enam teras bujur sangkar dan tiga pelataran bundar. Candi Borobudur memiliki relief Buddha paling lengkap dan paling banyak di dunia. Relief itu terdapat pada dinding keenam teras bujur sangkar. Candi Borobudur juga memiliki 504 buah patung Buddha. 72 buah dari patung-patung tersebut berada di dalam stupa di ketiga pelataran bundar.

Borobudur pernah dilupakan pada abad ke-14 karena agama Islam masuk ke Indonesia. Borobudur ditemukan lagi oleh Sir Thomas Stamford Raffles pada tahun 1814. Borobudur mulai dipugar pada tahun 1975 hingga tahun 1982. Borobudur diresmikan menjadi situs warisan dunia UNESCO pada tahun 1991.

Kini Borobudur digunakan sebagai tempat berziarah. Borobudur juga digunakan sebagai tempat ibadah pada hari raya Waisak. Banyak wisatawan lokal dan asing datang ke Borobudur. Borobudur adalah obyek wisata paling banyak dikunjungi di Indonesia.

 situs warisan dunia 세계 문화유산　**Masehi** 양력　**relief** 조각, 부조, 양각　**dilupakan** 잊혀지다　**ditemukan** 발견되다
dipugar 복구되다, 복원되다　**diresmikan** 공식화되다, 합법화되다　**digunakan** 사용되다, 이용되다　**dikunjungi** 방문되다

1. 앞의 읽기 내용을 참고해서 다음 문장이 맞으면 B, 틀리면 S에 ○ 표시하세요.

(1) Candi Borobudur adalah candi agama Buddha.   B   S

(2) Borobudur adalah candi Buddha paling besar di dunia.   B   S

(3) Ada 576 patung Buddha di Borobudur.   B   S

(4) Borobudur ditemukan lagi pada tahun 1814.   B   S

(5) Wisatawan Indonesia tidak datang ke Borobudur.   B   S

2. 다음 질문에 답하세요.

(1) Borobudur ada di mana?

_____

(2) Kapan Borobudur mulai dibangun?

_____

(3) Borobudur memiliki berapa buah patung Buddha?

_____

(4) Kenapa Borobudur dilupakan?

_____

(5) Kini Borobudur digunakan sebagai apa?

_____

호칭

인도네시아는 세계에서 섬이 가장 많고, 300여 개의 민족과 700여 개의 언어가 있는 나라입니다. **Step 1**에서는 인칭대명사를 배웠고 3과에서 중국어 차용어를 알아 볼 때 대명사 **gue, lu**를 배웠습니다. 인도네시아에서는 고유 민족의 차용어도 많이 쓰는데, 특히 호칭에 많이 사용됩니다. 각 지역마다 당연히 사용되는 호칭이 다르지만 수도인 자카르타가 있는 자바 섬에서 가장 흔히 사용되는 대표적인 호칭으로 다음과 같은 것이 있습니다.

• Kak / Kakak

손윗사람을 일컫는 말입니다. 선배 또는 자신보다 나이가 많은 사람을 존중하면서도 친근하게 부를 때 사용합니다. 상대가 남자든 여자든 상관 없습니다.

Kak Tina. Terima kasih, ya.	띠나 선배님. 고마워요.
Apakah **kak** Budi sudah datang?	부디 씨, 왔어요?

• Bang / Abang

자신보다 나이가 많거나 물건을 파는 상인 또는 서비스업 종사자를 부를 때 사용합니다. 주로 수마트라나 자카르타 출신인 사람에게 사용합니다. 여자가 자신의 남편을 부를 때도 쓸 수 있습니다.

Bang. Ke terminal, ya?	아저씨, 버스터미널까지 가 주세요.
Stop kiri, **Bang**.	여기 왼쪽에 세워 주세요..

• Mas

나이와 상관 없이 모르는 남자나 자영업에 종사하는 남자를 부르는 호칭입니다. 여자가 자신의 남자친구 또는 남편을 부를 때도 사용합니다. 어원은 자바(Java)어로 손위 남자를 부르는 말입니다.

Mas, nasi goreng satu dibungkus!	여기 나시고랭 하나 포장해 주세요.
Jangan marah dong, **Mas**!	화내지 마, 여보.

• Mbak / Embak

나이와 상관 없이 모르는 여자나 자영업과 서비스업에 종사하는 여자를 부를 때 씁니다. 어원은 자바어로 손위 여자를 부르는 말입니다.

Mbak, gado-gado satu. Yang pedas, ya.	여기 가도가도 하나 주세요. 맵게 해 주세요.
Silakan dimakan, **Mbak**!	드세요, 언니.

Jangan Kamu Tonton Drama Itu!

저 드라마는 보지 마!

학습내용: Isi Pelajaran

- 피동문 (2) – 인칭대명사
- 인칭대명사에 의한 피동문과 명령문의 구성
- 표현 : 금지 시키기
- 명령문과 부사 jangan / tolong
- 광고와 공고

Kue itu saya makan.

Surat itu belum dibacanya.

Tukang servis akan kami panggil hari ini.

Surat itu dirobek olehnya.

Buang sampah itu!

Minum obat batuk itu!

Tolong tutup pintu itu!

Jangan berdiri di situ!

피동문 (2) – 인칭대명사

7과에서 피동문에 대해서 배웠습니다. 피동문을 구성하기 위해서는 행위자와 피행위자의 위치만 바꾸는 것이 아니라 능동 타동사를 피동사로 바꿔야 합니다.

1. di- 접두사에 의한 피동문

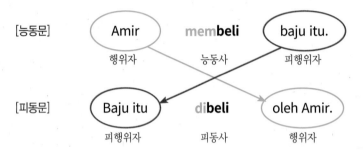

문장의 행위자가 'dia'를 제외한 3인칭인 경우는 di- 접두사에 의한 피동문이 적용됩니다.

2. 인칭대명사에 의한 피동문

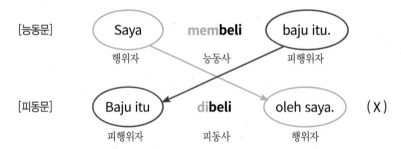

행위자가 인칭대명사인 경우는 피동사의 di- 접두사가 빠지고, 피동사 뒤에 있던 행위자는 동사 앞으로 옵니다. 행위자와 동사는 함께 피동사 구성으로 봐야 하고 조동사, 부정사 등과 같은 부사는 행위자와 접두사가 빠진 동사 사이에 쓸 수 없습니다.

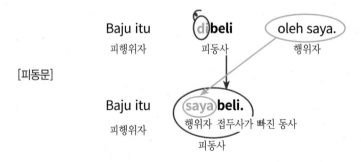

앞에서 보듯이 행위자 saya는 동사 beli의 앞에 와서 함께 피동사를 구성하였습니다. saya beli와 같은 '행위자 +접두사가 빠진 동사'로 이루어지는 피동사 사이에는 부사가 들어갈 수 없습니다.

Kamu **belum** membaca surat saya. 너는 내 편지를 아직 안 읽었다.
→ Surat saya **belum** kamu baca. 내 편지는 네가 아직 안 읽었다.
Surat saya kamu **belum** baca. (X)

Kami **akan** memanggil tukang servis. 우리는 수리공을 부를 것이다.
→ Tukang servis **akan** kami panggil. 수리공은 우리가 부를 것이다.
Tukang servis kami **akan** panggil. (X)

Mereka **tidak boleh** membuang sampah. 그들은 쓰레기를 버리면 안 된다.
→ Sampah **tidak boleh** mereka buang. 쓰레기는 그들이 버리면 안 된다.
Sampah mereka **tidak boleh** buang. (X)

3. 행위자가 3인칭 단수 dia인 경우

행위자가 3인칭 단수 dia인 경우 인칭대명사에 의한 피동문 규칙이 적용되지 않습니다. 이때는 di- 접두사에 의한 피동 규칙이 적용되고 행위자 표시인 oleh dia는 무조건 olehnya가 되어야 합니다. 또는 di- 피동사 뒤에 3인칭 단수 접미사 -nya를 붙여야 합니다.

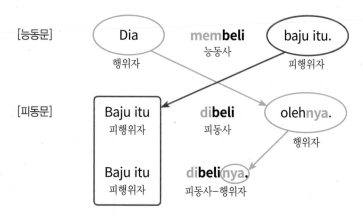

Dia belum membaca surat saya.
→ Surat saya belum dibaca olehnya (= dibacanya).
Dia akan memanggil tukang servis.
→ Tukang servis akan dipanggil olehnya (= dipanggilnya).
Dia tidak boleh membuang sampah.
→ Sampah tidak boleh dibuang olehnya (= dibuangnya).

4. 2인칭, 3인칭 대신에 **bapak, ibu, saudara**를 쓰는 경우

행위자가 2인칭으로 쓰이는 Bapak, Ibu, Saudara 등의 경우는 인칭대명사와 같은 피동 규칙이 적용됩니다. 단, bapak, ibu, saudara 등이 3인칭으로 사용될 경우는 di- 접두사에 의한 피동에 따라야 합니다.

Ibu **membaca** surat saya, ya?   엄마는 내 편지를 읽었죠?

→ Surat saya Ibu **baca**, ya?   내 편지는 엄마가 읽었지? (Ibu = 2인칭)

    Surat saya **dibaca** oleh ibu, ya?   내 편지는 엄마가 읽었지? (ibu = 3인칭)

Pak Amir sudah **membuang** sampah itu?   아미르 씨는 그 쓰레기를 버렸어요?

→ Sampah itu sudah Pak Amir **buang**?   쓰레기는 아미르 씨가 버렸어요? (Pak Amir= 2인칭)

    Sampah itu sudah **dibuang** oleh pak Amir?   쓰레기는 아미르 씨가 버렸어요? (pak Amir= 3인칭)

5. 명령문에 쓰는 피동사

7과에서 학습한 대로 피동사는 명령할 때 쓸 수 있습니다. di- 접두사 피동사는 주로 존중하고 겸손하게 부탁하거나 요청을 할 때 사용하고, 인칭대명사에 의한 피동사는 상대에게 직접적으로 하는 일반 명령을 할 때 씁니다. 명령문에서 피행위자는 피동사 뒤에 옵니다.

[피동문]   Kue itu kamu **makan**.

                  피행위자   피동사

[명령문]   Kamu **makan** kue itu!

                  피동사   피행위자

명령문에서 행위자인 kamu 또는 kalian은 주로 생략이 되지만, 누구에게 명령을 하는지 강조하기 위해서는 행위자를 생략하지 않습니다.

Surat saya kamu **baca**.   Kamu **baca** surat saya!   내 편지를 읽어라!

                                Baca surat saya!

Tukang servis kalian **panggil**.   Kalian **panggil** tukang servis!   수리공을 불러라!

                                Panggil tukang servis!

Sampah itu kalian **buang**.   Kalian **buang** sampah itu!   저 쓰레기를 버려라!

                                Buang sampah itu!

1. 다음 능동문을 피동문으로 바꿔 쓰세요.

| 보기 | Saya melihat bapak itu tadi pagi. → Bapak itu **saya lihat** tadi pagi. |

(1) Saya sudah minum obat flu tadi. _____

(2) Dia menggigit tangan saya. _____

(3) Kalian sudah merusak komputer saya. _____

(4) Mereka menyiram bunga itu setiap pagi. _____

(5) Kami tidak akan membaca buku itu. _____

(6) Kita akan makan nasi goreng itu nanti malam. _____

(7) Kami akan menjemput Anda di Bandara Incheon. _____

(8) Aku merobek dan membakar majalah bekas itu. _____

2. 다음 피동문을 명령문으로 바꿔 쓰세요.

| 보기 | Anak itu kamu pukul. → **Pukul** anak itu! |

(1) Obat itu kamu minum. _____

(2) Pengumuman itu kamu baca. _____

(3) Yang baru itu kamu pakai. _____

(4) Pipinya kamu cubit. _____

(5) Buku-buku bekas itu kalian buang. _____

(6) Jawaban itu kalian tebak. _____

(7) Barang itu kalian angkat. _____

(8) Yang berwarna merah kalian beli. _____

Jangan Kamu Tonton!

Tina	Kok kamu tidak menonton drama seperti biasa?
Lidya	Semua drama sudah aku tonton.
Tina	Kamu suka drama Amerika? *Melrose Place*?
Lidya	Hah? Jangan kamu tonton drama murahan itu!
Tina	Lo? Kenapa?
Lidya	Ceritanya bisa aku tebak dan cuma berisi perselingkuhan yang aneh.
Tina	Aku suka *The Walking Dead*. Kamu suka *zombie*?
Lidya	Ya. Drama itu kamu unduh dari mana?
Tina	Unduh saja dari *torrent* seperti biasa.
Lidya	Dilarang mengunduh dari *torrent*, lo! Ilegal!

보지 마!

띠나	평소처럼 드라마 왜 안 봐?
리디아	모든 드라마 다 봤어.
띠나	미국 드라마 좋아해? 멜로스 플레이스?
리디아	뭐? 그런 싸구려 드라마는 보지 마!
띠나	왜?
리디아	이야기가 뻔하고 내용은 이상한 불륜밖에 없어.
띠나	난 워킹데드 좋아해. 넌 좀비 좋아해?
리디아	응. 어디서 다운 받았어?
띠나	언제나처럼 토렌트에서 다운 받아!
리디아	토렌트에서 다운 받는 건 금지야. 불법이거든.

새 단어

murahan 질이 안 좋은, 싸구려의
menebak 추측하다, 예측하다
mengunduh 다운 받다
dilarang 금지되다

• Saya mau menonton drama itu.   난 그 드라마를 볼래요.

    Jangan!   안 돼요.

    Jangan kamu tonton drama itu!   그 드라마를 보지 말아요.

• Saya boleh merokok di sini?   여기서 담배 피워도 돼요?

    Tidak. Anda tidak boleh merokok di sini.   아니요. 여기서 담배를 피우시면 안 돼요.

    Maaf. Dilarang merokok di sini.   죄송해요. 여기서 담배를 피우는 것이 금지예요.

    Jangan! Dilarang merokok di sini.   안 돼요. 여기서 담배를 피우는 것이 금지예요.

Tip | 명령문과 부사 jangan / tolong

★ 일반 명령문

– 일반적으로 명령문은 인칭대명사에 의한 피동문으로 구성됩니다. 단, 자동사의 경우는 동사 그대로 문장 앞으로 도치시키면 됩니다.

Kamu makan kue itu.	→	Makan kue itu!
Kamu membuang sampah itu.	→	Buang sampah itu!
Kamu berdiri di sana.	→	Berdiri di sana!
Kamu pulang ke rumah.	→	Pulang ke rumah!

– 일반 명령문은 주로 지위가 같거나 더 낮은 사람 또는 친한 사람에게 쓸 수 있습니다.

★ 정중한 명령문

– 정중하고 겸손하게 명령을 할 때는 동사 앞에 부사 **tolong**을 사용합니다. 또한 더 정중하게 부탁을 할 경우 di- 접두사에 의한 피동문으로 표현합니다.

Makan kue itu!	→	Tolong makan kue itu!	→	Kue itu tolong **di**makan!
Buang sampah itu!	→	Tolong buang sampah itu!	→	Sampah itu tolong **di**buang!
Berdiri di sana!	→	Tolong berdiri di sana!		
Pulang ke rumah!	→	Tolong pulang ke rumah!		

– 부정 명령의 경우는 동사 앞에 부사 jangan을 씁니다. 좀 더 정중하게 부탁할 때는 di- 접두사에 의한 피동사 앞에 jangan을 씁니다. 다음과 같이 피행위자의 위치를 꼭 주의해야 합니다.

Jangan makan kue itu!	→	Kue itu jangan dimakan!
Jangan buang sampah itu!	→	Sampah itu jangan dibuang!
Jangan berdiri di sana!	→	Tolong jangan berdiri di sana!
Jangan pulang ke rumah!	→	Tolong jangan pulang ke rumah!

1. 다음 대화를 듣고 빈칸을 채워 보세요.

Tina	Lidya! Kamu sudah _____ *The Walking Dead* episode kemarin?
Lidya	Belum! Failnya _____ bisa aku unduh.
Tina	Jangan unduh dulu! Ini! Punya saya bisa kamu pinjam.
Lidya	Wah! *Makasih*, ya. Nanti akan aku kopi ke komputerku.
Tina	Jangan _____, ya!
Lidya	Tenang saja. Failnya tidak akan aku hapus!
Tina	Kamu _____ fail *Reply* 1988? Aku mau, dong!
Lidya	Punya. Nanti aku kopi ke *hard disc* kamu ini.
Tina	*Makasih* juga. _____ lupa, ya!

2. 앞의 대화를 다시 듣고 다음 질문에 답하세요.

(1) 띠나는 리디아에게 무엇을 빌려줬습니까?

_____

(2) 리디아는 띠나에게 무엇을 어떻게 해 주기로 했습니까?

_____

Bidadari dan Pemotong Kayu

Dahulu kala hiduplah seorang pemotong kayu yang baik hati di sebuah desa. Suatu hari pemotong kayu itu menolong seekor rusa. Rusa itu sedang diburu oleh seorang pemburu. Setelah pemburu tersebut pergi, sang rusa berkata bahwa dia akan membalas kebaikan sang pemotong kayu.

Sang rusa berkata bahwa pada malam bulan purnama, para bidadari akan turun untuk mandi ke sebuah telaga di dekat situ. "Ambil pakaian salah satu bidadari tersebut. Bidadari itu akan menikah denganmu. Jangan kembalikan pakaiannya! Kalau pakaian itu dikembalikan, dia akan kembali ke langit."

Kebetulan malam itu adalah malam bulan purnama. Sang pemotong kayu pergi ke telaga tersebut dan mengambil pakaian salah satu bidadari itu. Sang bidadari yang tidak dapat pulang ke langit pun terpaksa menikah dengan sang pemotong kayu dan melahirkan tiga orang anak.

Karena sang bidadari selalu menangis setiap bulan purnama muncul, akhirnya pakaian sang bidadari tersebut dikembalikan oleh sang pemotong kayu itu. Sang bidadari terbang kembali ke langit. Beberapa hari setelah itu, sang pemotong kayu dan ketiga anaknya menyusul sang bidadari ke langit dengan timba. Timba itu dikirim oleh sang bidadari untuk menjemput keluarganya.

---

 membalas 갚다, 보답하다　**kebaikan** 은혜, 호의, 선의　**bulan purnama** 보름달　**mengembalikan** 돌려주다　**kebetulan** 마침
terpaksa 어쩔 수 없이, 강제로　**menyusul** 뒤따르다, 쫓다　**timba** 두레박, 양동이, 물통

1. 앞의 읽기 내용을 참고해서 다음 문장이 맞으면 B, 틀리면 S에 ○ 표시하세요.

(1) Sang pemotong kayu itu tinggal di desa.   B   S

(2) Para bidadari mandi di telaga di dekat situ.   B   S

(3) Sang bidadari tidak bisa pulang karena harus menikah.   B   S

(4) Sang bidadari pulang ke langit setelah melahirkan.   B   S

(5) Sang bidadari menjemput keluarganya dengan timba.   B   S

2. 다음 질문에 답하세요.

(1) Sang pemotong kayu menolong siapa?

_____

(2) Kapan para bidadari turun untuk mandi di telaga di dekat situ?

_____

(3) Apa yang terjadi kalau pakaian itu dikembalikan?

_____

(4) Sang pemotong kayu dan sang bidadari memiliki berapa orang anak?

_____

(5) Kenapa pakaian bidadari itu dikembalikan oleh sang pemotong kayu?

_____

광고와 공고

인도네시아를 방문했을 때 길거리에 붙은 광고판이나 공고문을 보신 적이 있으세요? 그 문장을 보면 피동문이 많이 사용된 것을 볼 수 있을 것입니다. 상대에게 직접 명령을 하지 않고 돌려서 말하면서 정중하게 부탁하는 뉘앙스로는 피동문을 사용합니다. 광고 또 공고에 자주 나오는 표현을 알아봅시다.

• Dilarang

'금지되다'의 뜻으로 주로 금지 문구에 사용합니다.

Dilarang parkir di sini.　　　　　　　　　　여기에 주차 금지

Dilarang membawa makanan dari luar.　　　외부 음식 반입 금지

• Dicari

'구하다'의 뜻으로 주로 물건을 찾거나 구인 광고에 쓰는 말입니다.

Dicari lulusan S-1 bahasa Jepang.　　　　일본어과 졸업자 구함

Dicari mobil VW buatan 70-an.　　　　　70년대산 VW 자동차를 구함

• Disewakan

'임대를 주다'의 뜻으로 주로 주택이나 물건 임대 문구에 씁니다. Disewakan은 dikontrakkan과 같은 뜻으로 쓰입니다.

Disewakan apartemen di Kelapa Gading.　　끌라빠가딩 아파트 임대

Dikontrakkan rumah di Pondok Indah.　　쁜독인다흐 집 한 채 임대

• Dijual

'판매하다'의 뜻으로 주로 물건을 판매할 때 쓰는 말입니다.

Dijual notebook buatan Korea tahun 2010.　2010년도 한국산 노트북 판매

Dijual rumah dengan kolam renang.　　　수영장 있는 집 판매

• Dibuka

'연다'의 뜻으로 주로 새로운 교육 과정이나 프로그램을 개설할 때 씁니다.

Dibuka kelas bahasa Korea tingkat dasar.　초급 한국어 교실 개설

Dibuka kelas yoga untuk pemula.　　　　초보자를 위한 요가 교실 개강

Orang yang Sedang Tidur Itu Adalah Chul Soo

자고 있는 그 사람은 철수입니다

학습내용: Isi Pelajaran

- 접속사 yang (1)
- 접속사 yang에 의한 복합문
- 표현 : 조건 제시하기
- 접속사 kalau
- 구어체 (1) – 낱말

Orang yang sedang tidur
itu adalah Chul Soo.

Anak yang sedang menangis
itu bukan anak saya.

Rumah yang besar itu dijual.

Gadis yang cantik itu sedang menari.

Kami akan makan di restoran
yang terkenal itu.

Sophie akan menulis dengan
bolpoinnya yang baru.

Lidya mengirim paket untuk
temannya yang ada di luar negeri.

Pak Rahmat memberi uang
kepada pengemis yang kurus itu.

접속사 yang (1)

6과에서 여럿 중에서 하나 또는 몇 개를 짚어서 묘사할 때 사용하는 대명사 yang을 배웠습니다. 이 과에서는 주어 그리고 부사어의 위치에 있는 낱말을 명사구로 확장시키고 복합문을 구성할 때 사용하는 관형 접속사 yang을 학습하겠습니다.

1. 복합문 만들기

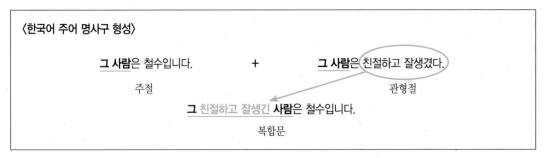

〈한국어 주어 명사구 형성〉

그 **사람**은 철수입니다.　　　　+　　　　그 **사람**은 친절하고 잘생겼다.

　　주절　　　　　　　　　　　　　　　　　　　관형절

그 친절하고 잘생긴 **사람**은 철수입니다.

복합문

'그 사람은 철수이다'가 주절이고 주절과 관형절에 함께 나오는 '그 사람'은 주절의 주어입니다. 인도네시아어로 주절의 '그 사람'을 꾸미는 말인 '친절하고 잘생겼다'와 합치기 위해서는 관형 접속사 yang을 써야 합니다.

〈인도네시아어 주어 명사구 형성〉

Orang itu adalah Chul Soo.　　　　+　　　　**Orang itu** baik hati dan tampan.

　　주절　　　　　　　　　　　　　　　　　　　관형절

Orang yang baik hati dan tampan **itu** adalah Chul Soo.

복합문

관형 접속사 yang은 관형절의 'baik hati dan tampan'과 결합하여 주절과 관형절의 같은 명사구 'orang itu'를 확장시킵니다. 지시사 itu(6과 참조)는 정관사의 역할을 하고 무조건 명사구의 맨뒤에 씁니다.

2. 관형 접속사 yang에 의한 주어 명사구 형성

주절의 주어를 yang을 사용하여 관형절과 결합하여 주어 명사구를 만드는 것을 학습하겠습니다.

주절 : '이다' 동사문	
Orang itu adalah Chul Soo. 그 사람은 철수다.	Orang **yang sedang tidur** itu adalah Chul Soo. 자고 있는 그 사람은 철수다.
Orang itu sedang tidur. 그 사람은 자고 있다. (자동사문)	

Orang itu adalah Chul Soo. 그 사람은 철수다.	Orang **yang sedang makan kimchi** itu adalah Chul Soo. 김치를 먹고 있는 그 사람은 철수다.
Orang itu sedang makan kimchi. 그 사람은 김치를 먹고 있다. (타동사문)	

주절 : 형용사문

Orang itu sangat ceroboh. 그 사람은 꼴사납다.	Orang **yang baik hati dan tampan** itu sangat ceroboh. 착하고 잘생긴 그 사람은 꼴사납다.
Orang itu baik hati dan tampan. 그 사람은 착하고 잘생겼다. (형용사문)	

주절 : 자동사문

Orang itu berbahasa Korea. 그 사람은 한국어를 한다.	Orang **yang sedang tidur** itu berbahasa Korea. 자고 있는 그 사람은 한국어를 한다.
Orang itu sedang tidur. 그 사람은 자고 있다. (자동사문)	

주절 : 타동사문

Orang itu minum teh. 그 사람은 차를 마신다.	Orang **yang sedang makan kimchi** itu minum teh. 김치를 먹고 있는 그 사람은 차를 마신다.
Orang itu sedang makan kimchi. 그 사람은 김치를 먹고 있다. (타동사문)	

3. 관형절이 '이다' 동사문인 경우

관형절이 '이다' 동사문인 경우 주로 관형 접속사 yang을 쓰지 않고 바로 관형절로 대체합니다. 단, 관형절 서술어 앞에 adalah가 아닌 bukan, ternyata, merupakan 등과 같은 부사가 있을 경우 yang을 사용합니다.

주절 : '이다' 동사문

Orang itu adalah Chul Soo. 그 사람은 철수이다.	Laki-laki itu adalah Chul Soo. 그 남자는 철수이다. Orang **yang adalah laki-laki** itu adalah Chul Soo. (X)
Orang itu adalah laki-laki. 그 사람은 남자이다.	

Orang itu adalah Chul Soo. 그 사람은 철수이다.	Orang **yang ternyata orang Korea** itu adalah Chul Soo. 알고 보니 한국인인 그 사람은 철수이다.
Orang itu ternyata orang Korea. 그 사람은 알고 보니 한국인이다.	

4. 관형 접속사 yang에 의한 부사어 명사구 형성

관형 접속사 yang을 써서 역시 부사어 명사구로 형성할 수 있습니다. yang은 명사구를 형성하기 때문에 부사어 명사구를 형성할 때는 무조건 di, ke, dari, dengan 등과 같은 전치사와 함께 써야 합니다. 주어 명사구를 형성하는 것과 마찬가지로 관형절의 변화 없이 바로 적용하면 됩니다.

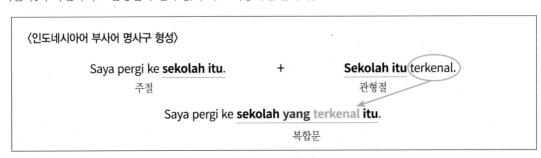

〈인도네시아어 부사어 명사구 형성〉

Saya pergi ke **sekolah itu**. + **Sekolah itu** terkenal.
주절   관형절

Saya pergi ke **sekolah yang** terkenal **itu**.
복합문

Saya pergi ke sekolah itu. 난 그 학교에 간다.	Saya pergi ke sekolah **yang terkenal** itu. 난 그 유명한 학교에 간다.
Sekolah itu terkenal. 그 학교는 유명하다.	
Adik menulis dengan bolpoin itu. 동생은 그 볼펜으로 썼다.	Adik menulis dengan bolpoin **yang berwarna biru** itu. 동생은 그 파란색 볼펜으로 썼다.
Bolpoin itu berwarna biru. 그 볼펜은 파란색이다.	
Ayah mengirim paket untuk kakak. 아빠는 언니를 위해 소포를 보냈다.	Ayah mengirim paket untuk kakak **yang tinggal di luar kota**. 아빠는 시외에 사는 언니를 위해 소포를 보낸다.
Kakak tinggal di luar kota. 언니는 시외에 산다.	

1. 관형 접속사 **yang**을 써서 주어 명사구를 형성하고 복합문을 완성하세요.

> 보기　　　Wanita itu teman saya. ／ Wanita itu bernama Siti.
> → Wanita **yang** bernama Siti itu adalah teman saya.

(1) Anjing itu menggigit kaki saya. ／ Anjing itu besar dan galak.

_____

(2) Laki-laki tersebut bukan orang Meksiko. ／ Laki-laki tersebut bernama Gonzales.

_____

(3) Anak-anak itu sedang bertengkar. ／ Anak-anak itu bermain di lapangan.

_____

(4) Korea memiliki 4 musim. ／ Korea berada di Asia Timur.

_____

2. 관형 접속사 **yang**을 써서 부사어 명사구를 형성하고 복합문을 완성하세요.

> 보기　　　Saya makan di restoran. ／ Restoran itu bernama Saung Kuring.
> → Saya makan di restoran **yang** bernama Saung Kuring.

(1) Saya berjalan-jalan dengan anjing saya. ／ Anjing saya berwarna hitam.

_____

(2) Lidya mengirim surat untuk ibunya. ／ Ibunya berada di Flores.

_____

(3) Andi tidak suka berjalan ke sekolahnya. ／ Sekolahnya sangat jauh dari rumahnya.

_____

(4) Kami belajar di kafe itu setiap hari. ／ Kafe itu sepi dan nyaman.

_____

Kapan Kita Bisa Pulang Kampung?

Rahmat	Bu, enggak lagi sibuk, kan?
Siti	Enggak, Pak. Kenapa?
Rahmat	Kapan kita bisa pulang kampung?
Siti	Kalau sekolah sudah libur.
Rahmat	Kapan kira-kira ya, Bu?
Siti	Kira-kira bulan Juni.
Rahmat	Kalau kita pulang kampung, kita naik pesawat yang baru itu *aja*, Bu.
Siti	Lo, kenapa harus naik pesawat itu, Pak?
Rahmat	Bapak pengin *aja*, Bu. Ha ha ha.
Siti	Kalau naik pesawat, Ibu mau duduk ama pilotnya *aja*. Ha ha ha.

우리는 언제 고향에 갈 수 있어요?

라흐맛	여보, 안 바쁘지?
시띠	네, 여보. 왜요?
라흐맛	우린 언제 고향에 갈 수 있어?
시띠	학교가 방학을 하면요.
라흐맛	대략 언제인데, 여보?
시띠	한 6월 쯤에요.
라흐맛	고향을 가게 되면 우리는 그 새 비행기 타자, 여보.
시띠	왜 그 비행기 타야 돼요?
라흐맛	그냥 타고 싶어서. 하하하.
시띠	비행기를 타면 조종사와 같이 앉을게요. 하하하.

새 단어
pulang kampung 귀성하다, 귀향하다
pilot 조종사

- **Kapan** kita bisa pulang kampung? 우리 언제 귀향할 수 있어요?

  Kita bisa pulang kampung kalau sekolah sudah libur.

  학교가 방학이 되면 귀향할 수 있어요.

  Kalau sekolah sudah libur, kita bisa pulang kampung.

  학교가 방학이 되면 귀향할 수 있어요.

- **Bolehkah** saya ikut kelas bahasa Indonesia itu? 제가 저 인도네시아어 수업을 들어도 될까요?

  Kamu boleh ikut kelas bahasa Indonesia itu jika kamu sudah mendaftar.

  등록을 했으면 저 인도네시아어 수업을 들어도 돼요.

  Jika kamu sudah mendaftar, kamu boleh ikut kelas bahasa Indonesia itu.

  등록을 했으면 저 인도네시아어 수업을 들어도 돼요.

Tip | 접속사 kalau

행동을 하게 되거나 할 수 있는 조건을 말할 때 접속사 kalau를 씁니다. '행동+접속사 kalau+조건'의 형식으로 씁니다.

- kalau와 조건이 문장 앞에 오는 경우는 중간에 쉼표를 찍고 이어서 행동이 나옵니다. 또한 kalau는 jika, jikalau, seandainya 등으로 바꿔 쓸 수 있습니다.

행동 + kalau + 조건

Kita boleh pulang kalau sudah selesai.   우리는 다 끝나면 집에 가도 된다.
→ Kalau sudah selesai, kita boleh pulang.

Kamu boleh masuk jika Lidya sudah keluar.   리디아가 나오면 너는 들어가면 된다.
→ Jika Lidya sudah keluar, kamu boleh masuk.

Saya bisa mengajak kamu jikalau kamu mau.   만약 네가 원하면 (난) 널 데리고 갈 수 있다.
→ Jikalau kamu mau, saya bisa mengajak kamu.

Dia pasti bisa menari dengan baik seandainya dia sehat.   그녀는 건강하다면 확실히 잘 출 수 있을 것이다.
→ Seandainya dia sehat, dia pasti bisa menari dengan baik.

- 어떤 상황을 가정할 때 쓸 수 있습니다.

    A : Apa yang akan kamu lakukan kalau kamu punya 100 juta won?
        1억 원을 가지고 있다면 무엇을 할 거예요?
    B : Saya akan membeli apartemen kalau punya 100 juta won.
        1억 원을 가지고 있다면 아파트를 살 거예요.

1. 다음 대화를 듣고 빈칸을 채워 보세요.

Siti	Pak! *Udah* membeli tiket _____ untuk pulang kampung ke Yogya?
Rahmat	Belum. Kenapa, Bu?
Siti	Ibu mau _____ pagi saja.
	Kalau Bapak memesan tiket, tolong _____ yang berangkat pagi.
Rahmat	Ada yang jam 6 pagi dan ada yang jam 10 pagi. Ibu mau yang mana?
Siti	Kalau jam 6 pagi, terlalu pagi. Akan lebih baik kalau jam 10 pagi *aja*.
Rahmat	Beres, Bu.
Siti	Kalau kita sampai _____ jam 12 siang, kita makan gudeg kendil, yuk!
Rahmat	Ha ha ha. Ibu memang suka _____ yang manis-manis.
Siti	Ah, bisa *aja* Bapak ini.

2. 앞의 대화를 다시 듣고 다음 질문에 답하세요.

(1) 두 사람은 몇 시 비행기를 탈 건가요?

_____

(2) 12시 전에 도착한다면 무엇을 할 건가요?

_____

Bawang Merah Bawang Putih

Bawang Merah Bawang Putih adalah dongeng Indonesia yang berasal dari Riau. Dongeng ini memiliki tema dan pesan moral yang hampir sama dengan kisah *Kongjwi Patjwi* dari Korea.

Pada zaman dahulu kala, hiduplah dua orang gadis kakak beradik yang bersifat sangat bertolak belakang. Bawang Merah adalah kakak tiri Bawang Putih. Bawang Merah yang berwatak buruk serta mudah marah dan iri hati selalu bersikap kasar kepada Bawang Putih yang berwatak baik, ramah, dan suka menolong orang lain. Ibu tiri Bawang Putih adalah seorang wanita yang bersifat tidak adil dan pilih kasih.

Kalau Bawang Putih mendapat sesuatu yang baik dan bagus, Bawang Merah pasti merasa iri dan merebut barang tersebut. Apabila Bawang Putih mendapat pujian, Bawang merah akan marah dan merajuk. Waktu Bawang Putih menginginkan sesuatu, ibu tirinya akan membelikan barang tersebut untuk Bawang Merah.

Suatu hari Bawang Putih membantu seorang nenek yang sudah sangat tua. Nenek tersebut memberi hadiah untuk Bawang Putih. Bawang Merah merasa iri karena Bawang Putih mendapat hadiah emas dari sang nenek. Bawang Merah pun pergi ke rumah sang nenek dan meminta hadiah yang sama. Akan tetapi Bawang Merah justru mendapat bungkusan berisi ular.

 bertolak belakang 극과 극을 달리다, 정반대이다   merajuk 심통을 부리다   justru 오히려, 반대로

1. 앞의 읽기 내용을 참고해서 다음 문장이 맞으면 B, 틀리면 S에 ○ 표시하세요.

   (1) Dongeng Bawang Merah Bawang Putih mirip dengan kisah Kongjwi Patjwi.　　B　　S

   (2) Bawang Merah adalah saudara tiri Bawang Putih.　　B　　S

   (3) Bawang Merah baik, tetapi Bawang Putih jahat.　　B　　S

   (4) Ibu mereka sangat baik dan adil.　　B　　S

   (5) Bawang Putih mendapat hadiah ular.　　B　　S

2. 다음 질문에 답하세요.

   (1) Dongeng Bawang Merah Bawang Putih berasal dari mana?

   _____

   (2) Bagaimana sifat Bawang Merah dan Bawang Putih?

   _____

   (3) Ibu tiri Bawang Putih akan melakukan apa kalau Bawang Putih menginginkan sesuatu?

   _____

   (4) Bawang Putih mendapat emas dari siapa?

   _____

   (5) Bawang Merah mendapat hadiah apa?

   _____

구어체 (1) – 낱말

인도네시아어의 구어체는 문어체와 많이 다릅니다. 앞에 나온 me- 접두사의 경우, 활용음만 남기고 me-가 빠진다거나 s로 시작하는 어휘는 s를 생략하고 발음하기도 합니다. 일상에서 흔히 쓰는 구어체를 알아보겠습니다. 아직 표준화되지 않은 구어체는 이탤릭체로 표시했습니다.

- **enggak**
  tidak의 뜻입니다. *nggak* 또는 *gak*이라고도 씁니다.

  | Kamu suka ini, **tidak**? | → | Kamu suka ini, **enggak**? | 이것을 좋아해? |

- **pengin**
  ingin 또는 mau의 뜻입니다. *kepingin*이라고 씁니다.

  | Aku mau buku itu. | → | Aku **pengin** buku itu. | 난 그 책을 원해. |

- **aja**
  saja의 준말입니다. '그냥' 또는 '복수'의 뜻으로 씁니다.

  | Dia tidur **saja** hari ini. | → | Dia tidur *aja* hari ini. | 그는 오늘 그냥 계속 자. |
  | Kamu makan apa **saja**? | → | Kamu makan apa *aja*? | 그녀는 무엇 무엇을 먹었어? |

- **udah**
  sudah의 준말입니다. '다 했다'의 뜻이나 또는 과거 완료를 나타낼 때 씁니다.

  | Ayah **sudah** pulang? | → | Ayah *udah* pulang? | 아빠는 집에 들어왔어? |

- **ama**
  sama의 준말입니다. dengan 또는 oleh의 뜻입니다.

  | Kamu pulang *sama* siapa? | → | Kamu pulang *ama* siapa? | 넌 누구랑 집에 왔어? |
  | Kamu dipukul *sama* siapa? | → | Kamu dipukul *ama* siapa? | 넌 누구한테 맞았어? |

- **makasih**
  terima kasih의 준말입니다.

  | **Terima kasih**, ya. | → | *Makasih*, ya. | 고마워. |

- **trims**
  terima kasih의 준말입니다. 어른들이 많이 씁니다.

  | **Terima kasih**, ya. | → | *Trims*, ya. | 고마워. |

- **abis**
  habis의 준말입니다. Sesudah의 뜻도 있습니다.

  | Kuenya **habis**. | → | Kuenya *abis*. | 케이크는 다 먹었어. |
  | **Habis** mandi, aku tidur. | → | *Abis* mandi, aku tidur. | 난 목욕한 뒤 잔다. |

Fetucini yang Dimasak dengan Daging Sapi

소고기로 요리한 페투치네

학습내용: Isi Pelajaran

- 접속사 yang (2)
- 접속사 yang에 의한 복합문
- 표현 : 선호도 표현
- 부사 lebih
- 숙어 (1)

Mobil yang dibeli ayah itu masih baru.

Jeruk yang saya makan semalam itu asam.

Lidya membeli baju yang mahal itu.

Martono memakai celana yang terlalu besar.

Kami makan kue yang dibuat oleh Sophie.

Ibu Siti membakar ikan yang ditangkap pak Rahmat.

Tina lebih suka laki-laki yang berkacamata itu.

Budi lebih suka perempuan yang berjilbab itu.

접속사 yang (2)

9과에서 관형 접속사 yang이 주어와 부사어 명사구에서 어떻게 쓰는지를 배웠습니다. 이 과에서는yang이 목적어 명사구에서 사용할 경우 어떻게 쓰는지 학습하겠습니다. yang으로 목적어 명사구를 형성하는 경우는 두 가지가 있습니다.

1. 주절과 관형절의 공통 요소가 관형절에서 주어의 자리에 있는 경우

주절과 관형절이 함께 공유한 요소나 명사구가 관형절에서 주어의 자리에 있을 경우입니다. 주절의 문장은 '이다' 동사문, 형용사문, 자동사문, 타동사문 다 상관없이 합칠 수 있습니다. 이때 관형절과 바로 합치면 됩니다. (9과 참조)

〈목적어 명사구 1〉

나는 **그 사람**을 보았습니다.   +   **그 사람**은 친절하고 잘생겼다.

주절   관형절

나는 **그** 친절하고 잘생긴 **사람**을 보았습니다.

복합문

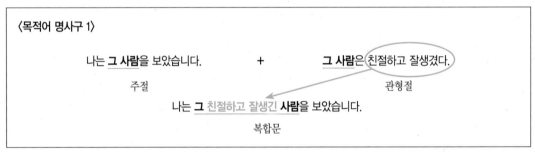

Saya melihat **orang itu**.   +   **Orang itu** baik hati dan tampan.

주절   관형절

Saya melihat **orang yang** baik hati dan tampan **itu**.

복합문

주절 : 타동사문

Saya melihat orang itu. 나는 그 사람을 봤다.	Saya melihat orang **yang sedang tidur** itu. 나는 자고 있는 그 사람을 봤다.
Orang itu sedang tidur. 그 사람은 자고 있다. (자동사문)	
Saya melihat orang itu. 나는 그 사람을 봤다.	Saya melihat orang **yang sedang makan kimchi** itu. 나는 김치를 먹고 있는 그 사람을 봤다.
Orang itu sedang makan kimchi. 그 사람은 김치를 먹고 있다. (타동사문)	

2. 주절과 관형절의 공통 요소가 관형절에서 목적어의 자리에 있는 경우

주절과 관형절이 함께 공유한 요소나 명사구가 관형절에서 목적어의 자리에 있을 경우입니다. 한국어는 관형절 순서와 동사 변화 없이 자연스럽게 관형 어미를 사용하여 합칠 수 있습니다. 그러나 인도네시아어는 주절과 관형절이 함께 공유한 명사구가 관형절에서 목적어의 자리에 있을 경우 공통 요소인 피행위자를 주어 자리로 이동해야 합니다. 즉, 타동문을 피동문으로 바꿔야 합니다. 다음 예시에서 관형절은 주어 즉 행위자는 1인칭인 saya입니다.

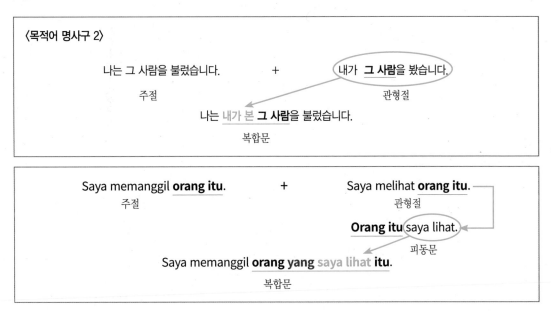

행위자는 1인칭 대명사 saya이기 때문에 인칭대명사에 의한 피동 규칙(8과 참조)을 적용해야 합니다. 행위자가 누구냐에 따라서 적용되는 피동 규칙이 다릅니다. 다음 예시에서 관형절의 주어 즉 행위자는 인칭대명사가 아닌 Tina입니다. 이때 di- 접두사에 의한 피동 교칙(7과 참조)을 적용해야 합니다.

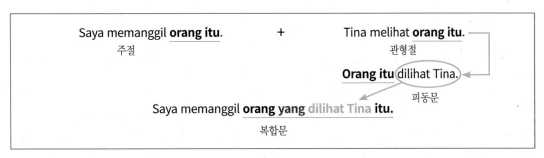

이 규칙은 주절의 목적어 명사구를 확장시킬 때만 일어나는 것이 아닙니다. 관형절은 타동문이고 주절의 문장 형태와 상관 없이 주절과 관형절이 함께 공유한 명사구가 관형절에서 목적어의 자리에 있으면 공통 요소인 피행위자를 주어의 자리로 이동하고 타동문을 피동문으로 바꿔야 합니다.

Orang itu adalah Chul Soo. 그 사람은 철수이다. ('이다' 동사문)	Orang **yang saya lihat** itu adalah Chul Soo. 내가 본 그 사람은 철수이다. Orang **yang saya melihat** itu adalah Chul Soo. (X)
Saya melihat orang itu. 나는 그 사람을 봤다. (타동사문)	
→ Orang itu saya lihat. 그 사람은 내가 봤다. (피동문)	
Orang itu baik hati dan tampan. 그 사람은 착하고 잘생겼다. (형용사문)	Orang **yang dipanggilnya** itu baik hati dan tampan. 그녀가 부른 그 사람은 착하고 잘생겼다. Orang **yang dia memanggil** itu baik hati dan tampan. (X)
Dia memanggil orang itu. 그녀는 그 사람을 불렀다. (타동사문)	
→ Orang itu dipanggilnya. 그 사람은 그녀가 불렀다. (피동문)	
Orang itu sedang tidur. 그 사람은 자고 있다. (자동사문)	Orang **yang dicari (oleh) Andi** itu sedang tidur. 안디가 찾는 그 사람은 자고 있다. Orang **yang Andi mencari** itu sedang tidur. (X)
Andi mencari orang itu. 안디는 그 사람을 찾는다. (타동사문)	
→ Orang itu dicari (oleh) Andi. 그 사람은 안디가 찾는다. (피동문)	
Orang itu sedang makan kimchi. 그 사람은 김치를 먹고 있다. (타동사문)	Orang **yang kalian tunggu** itu sedang makan kimchi. 너희가 기다리는 그 사람은 김치를 먹고 있다. Orang **yang kalian menunggu** itu sedang makan kimchi. (X)
Kalian menunggu orang itu. 너희는 그 사람을 기다리다. (타동사문)	
→ Orang itu kalian tunggu. 그 사람은 너희가 기다린다. (피동문)	

목적어가 있는 타동문이라고 해도 주절과 관형절이 공유한 명사구가 관형절에서 목적어에 있지 않고 주어에 있으면 피동문으로 바꿀 필요가 없습니다.

Saya memanggil teman saya. 나는 내 친구를 불렀다. (타동사문)	Saya memanggil teman saya **yang sedang menunggu orang itu.** 난 그 사람을 기다리고 있는 내 친구를 불렀다.
Teman saya sedang menunggu orang itu. 내 친구는 그 사람을 기다리고 있다. (타동사문)	

1. 관형 접속사 yang을 써서 목적어 명사구를 형성하고 복합문을 완성하세요.

> **보기**   Saya makan jeruk itu. / Jeruk itu sangat manis.
> → Saya makan jeruk **yang** sangat manis itu.

(1) Dia menginjak kaki saya. / Kaki saya sedang sakit.

_____

(2) Anak itu memukul kakaknya. / Kakaknya berbadan lebih kecil.

_____

(3) Ayah menjemput ibu. / Ibu baru saja pulang kampung.

_____

(4) Sophie membaca buku tersebut. / Buku tersebut sangat laris.

_____

2. 관형 접속사 yang과 피동 규칙을 써서 알맞은 명사구를 형성하고 복합문을 완성하세요.

> **보기**   Saya makan nasi goreng. / Ibu memasak nasi goreng itu.
> → Saya makan nasi goreng **yang** dimasak (oleh) ibu.

(1) Mobil itu berjalan dengan cepat. / Korea membuat mobil itu.

(2) Saya menulis dengan bolpoin baru. / Ayah membeli bolpoin baru untuk saya.

(3) Pak Rahmat minum jamu tadi pagi. / Bu Siti membuat jamu semalam.

(4) Leo meminta maaf kepada temannya. / Kamu memukul temannya kemarin.

_____

Aku Lebih Suka Fetucini

Sophie	Luigi. Kamu lebih suka spageti atau piza?
Luigi	Aku tidak suka dua-duanya.
	Aku lebih suka *fetucini*.
Sophie	Kamu suka *fetucini* yang bagaimana?
Luigi	Yang dimasak dengan daging sapi.
Sophie	Saya lebih sering makan spageti.
Luigi	Kamu lebih suka spageti daripada *fetucini*?
Sophie	Ya. Saya lebih suka spageti yang dimasak
	dengan saus tomat.
Luigi	Kamu pasti akan lebih suka spageti
	yang aku buat.
Sophie	Kenapa?
Luigi	Karena spageti itu aku buat dengan cinta.

나는 페투치네를 좋아한다.

소피	루이기. 넌 스파게티와 피자 중에 무엇을 좋아해?
루이기	난 둘 다 안 좋아해. 난 페투치네를 좋아해.
소피	어떤 페투치네를 좋아해?
루이기	소고기로 요리한 것.
소피	난 스파게티를 더 자주 먹어.
루이기	페투치네보다 스파게티를 더 좋아해?
소피	응. 난 토마토 소스로 요리한 스파게티를 더 좋아해.
루이기	넌 내가 만든 스파게티를 더 좋아할 거야.
소피	왜?
루이기	내가 사랑으로 만들어서.

새 단 어

dua-duanya 둘 다

• Kamu lebih suka spageti atau piza?   스파게티와 피자 중에 뭘 더 좋아해요?

  Aku lebih suka spageti.   스파게티를 더 좋아해요.

  Aku lebih suka makan spageti.   스파게티를 먹는 것을 더 좋아해요.

  Aku suka keduanya.   둘 다 좋아해요.

• Kamu lebih suka spageti atau piza?   스파게티와 피자 중에 뭘 더 좋아해요?

  Aku tidak suka dua-duanya.   난 둘 다 안 좋아해요.

  Aku tidak suka keduanya.   난 둘 다 안 좋아해요.

  Aku kurang suka spageti.   스파게티를 별로 안 좋아해요.

Tip | 부사 lebih

부사 lebih는 두 대상을 비교할 때 형용사 앞에 붙여 씁니다(STEP 1 참조). 형용사는 동사 앞이나 뒤에 붙여 방법 부사로 쓰이는데, 방법 부사로 쓰이는 형용사 앞에 lebih를 붙이면 비교 표현이 됩니다.

Luigi **suka** piza.	루이기는 피자를 좋아한다.
→ Luigi lebih **suka** fetucini.	루이기는 페투치네를 더 좋아한다.
Tina makan **banyak**.	띠나는 많이 먹는다.
→ Lidya makan lebih **banyak**.	리디아는 더 많이 먹는다.
Chul Soo **rajin** bekerja.	철수는 열심히 일한다.
→ Sophie lebih **rajin** bekerja.	소피는 더 열심히 일한다.
Saya lebih **sering** naik bus daripada naik kereta.	난 전철보다 버스를 더 자주 탄다.
Dia lebih **banyak** tidur daripada bekerja.	그는 일하는 것보다 더 많이 잔다.
Adik saya lebih **pandai** memasak daripada ibu saya.	내 동생은 엄마보다 요리를 더 잘한다.

1. 다음 대화를 듣고 빈칸을 채워 보세요.

Luigi　　Sophie. Kamu ada _____ hari Minggu ini?

Sophie　Kenapa?

Luigi　　Aku mau _____ kamu ke rumahku.

　　　　Kamu harus mencicipi spageti yang aku buat.

Sophie　Saya lebih suka kalau kita _____ di luar saja.

Luigi　　Kenapa?

Sophie　Saya kurang suka bertemu di rumah laki-laki yang _____ sendiri.

Luigi　　Ayo, lah! Aku _____ laki-laki hidung belang.

Sophie　Ah, itu kan katamu saja.

2. 앞의 대화를 다시 듣고 다음 질문에 답하세요.

(1) 루이기는 소피를 어디로 초대했나요?

_____

(2) 소피는 동의를 했나요? 왜 그랬나요?

_____

Rijsttafel

Indonesia terdiri atas banyak suku bangsa sehingga ada banyak jenis makanan di Indonesia. Setiap suku bangsa memiliki makanan tradisionalnya masing-masing. Penjajah Belanda sangat menyukai makanan di seluruh penjuru nusantara. Akan tetapi penjajah Belanda membutuhkan waktu yang lama kalau mereka mau makan semua makanan Indonesia. Oleh karena itu penjajah Belanda menciptakan *Rijsttafel*.

Rijsttafel adalah penyajian makanan Indonesia di dalam satu meja yang diciptakan oleh penjajah Belanda. Etiket makan Eropa dan menu makanan Indonesia yang dibuat menjadi satu itu sangat disukai oleh para penjajah. Awalnya makanan Indonesia yang bermacam-macam itu disajikan secara prasmanan. Makanan yang disajikan itu sebagian besar adalah makanan Indonesia. Biasanya minuman keras dari Belanda disajikan sebagai pencuci mulut atau minuman.

Sekarang *Rijsttafel* berubah menjadi penyajian makanan sehari-hari di rumah-rumah di Indonesia. Berbagai macam masakan disajikan bersama dengan nasi, acar, sambal, dan juga kerupuk. *Rijsttafel* modern ini bisa ditemukan di rumah-rumah di Indonesia dan juga di Belanda. *Rijsttafel* juga disajikan di kelas eksekutif pesawat Garuda Indonesia sejak Juli 2011.

 단어 terdiri atas ~ ~로 구성되다 nusantara 인도네시아 제도 penjajah 지배자 menciptakan 만들다, 창조하다
menyajikan 차리다, 대접하다 penyajian 차림, 제공 pencuci mulut 후식 ditemukan 발견되다

1. 앞의 읽기 내용을 참고해서 다음 문장이 맞으면 B, 틀리면 S에 ○ 표시하세요.

(1) Indonesia memiliki banyak suku dan satu jenis makanan.　　　B　　S

(2) Penjajah Belanda sangat suka makan makanan Indonesia.　　　B　　S

(3) *Rijsttafel* menyajikan makanan Belanda di Indonesia.　　　B　　S

(4) Minuman keras juga disajikan.　　　B　　S

(5) Kini *Rijsttafel* masih dimakan di rumah-rumah di Indonesia.　　　B　　S

2. 다음 질문에 답하세요.

(1) Kenapa Indonesia memiliki banyak jenis makanan?

_____

(2) Kenapa penjajah Belanda menciptakan *Rijsttafel*?

_____

(3) Apakah *Rijsttafel* itu?

_____

(4) Awalnya bagaimana *Rijsttafel* dihidangkan?

_____

(5) Sejak Juli 2011 *Rijsttafel* juga disajikan di mana?

_____

숙어 (1)

인도네시아어에는 재미있는 표현의 숙어들이 많고 일상생활에서 실제로 많이 쓰입니다. 숙어는 안 좋은 것을 비유하는 데도 쓰지만, 좋은 것을 비유할 때도 씁니다. 신체 부위를 사용한 숙어를 알아봅시다.

- tangan

panjang tangan	→	Orang itu **panjang tangan.**	저 사람은 잘 훔친다.
ringan tangan	→	Anak itu **ringan tangan.**	저 아이는 잘 도와준다/잘 때린다.
tangan dingin	→	Ayah saya **bertangan dingin.**	우리 아빠는 뭔가 하면 잘된다.
tangan besi	→	Laki-laki itu **bertangan besi.**	저 남자는 독재자다.

- kaki

cepat kaki	→	Lidya orang yang **cepat kaki.**	리디아는 빠릿빠릿하다.
berat kaki	→	Jangan bekerja dengan **berat kaki!**	일할 때 게으름 피우지 마!
kaki tangan	→	Dia adalah **kaki tangan** penjahat.	그는 악당이 이용한 사람이다.

- kepala

kepala dua	→	Dia **berkepala dua.**	그는 양다리를 걸친다.
kepala batu	→	Dasar **kepala batu!**	이 고집쟁이야!
kepala dingin	→	Kita harus **berkepala dingin.**	우리는 침착해야 한다.

- mata

main mata	→	Orang itu tidak suka **main mata.**	그 사람은 뒷거래를 싫어한다.
mata keranjang	→	Hati-hati! Dia **mata keranjang!**	조심해! 그는 여자를 밝혀!

- mulut

mulut manis	→	Tina selalu **bermulut manis.**	띠나는 말을 항상 사탕발림을 잘한다.
mulut harimau	→	Bagaikan masuk **mulut harimau.**	아주 위험한 상황이다.

- hidung

hidung belang	→	Luigi bukan pria **hidung belang.**	루이기는 여자를 갖고 노는 남자가 아니다.

Bukumu Terbawa oleh Saya

너의 책은 내가 실수로 가지고 왔다

학습내용: Isi Pelajaran

- 피동문 (3) – ter- 접두사
- ter- 접두사에 의한 피동문 및 형용사문의 구성
- 표현 : 의견 말하기
- 동사 telanjur / keburu
- 숙어 (2)

Anak itu terpukul oleh Chul Soo.

Buku Tina terbawa oleh Lidya.

Tulisan itu terbaca oleh kami.

Kotak itu hanya terangkat oleh laki-laki.

Pintu bioskop sudah 1 jam terbuka.

Bayi itu terbangun karena berisik.

Ibu Siti adalah guru terbaik di kampus.

Mozart adalah komponis ternama di dunia.

피동문 (3) – ter- 접두사

ter- 접두사는 피동문에서 di- 접두사에 이어 두 번째로 많이 쓰입니다. ter- 접두사의 활용은 일반적으로 ber- 접두사와 같습니다.

ter-의 형태	어근의 첫 글자			용례
ter-	아래 조건에 해당되지 않는 경우	**i**kat **j**atuh **p**ukul **t**utup	**ter**ikat **ter**jatuh **ter**pukul **ter**tutup	묶여 있다 넘어지다, 떨어지다 충격을 받다, 맞다 닫혀 있다
te-	r로 시작하는 어근	**r**asa **r**endam	**te**rasa **te**rendam	느낄 수 있다 (물에) 잠겨 있다
	첫 음절이 -er인 경우	**per**caya **per**gok	**te**percaya **te**pergok	믿음직하다, 믿을 수 있다 들키다, 마주치다
tel-	antar anjur	**a**ntar **a**njur	**tel**antar* **tel**anjur*	버려지다, 방치되다 지나치다, ~해 버리다

ter- 접두사 동사에 의한 피동 규칙은 인칭대명사와 상관없이 di- 접두사와 같은 규칙으로 적용됩니다. 즉, ter- 접두사와 관련된 인칭대명사에 의한 피동 규칙은 없습니다.

1. ter- 접두사 동사의 뜻

me- 접두사 능동문과 비교하여 ter- 접두사 동사의 뜻을 알아봅시다. 다음 ter- 접두사 동사에 의한 피동문은 대체로 상대되는 능동문이 있습니다. 또한 ter- 접두사에 의한 피동문에는 행위자 표시인 전치사 oleh는 생략하면 안 됩니다.

ter- + 동사/명사	우연히 · 실수로 ~되다 / ~해지다
Kamu **tidak sengaja** membawa buku Tina. → Buku Tina terbawa oleh kamu.	너는 실수로 띠나의 책을 가져갔다. 띠나의 책은 네가 실수로 가져갔다.
Ibu **tidak sengaja** menyapu uang itu. → Uang itu tersapu oleh ibu.	엄마는 그 돈을 우연히 빗자루로 쓸었다. 그 돈은 엄마가 우연히 빗자루로 쓸었다.
Adik **tidak sengaja** menggunting rambut saya. → Rambut saya tergunting oleh adik.	동생은 실수로 내 머리를 잘랐다. 내 머리는 동생이 실수로 잘랐다.

ter- + 동사/명사	~될 수 있다 / ~질 수 있다
Ibu **bisa** membaca tulisan itu.	엄마는 그 글씨를 읽을 수 있다.
→ Tulisan itu terbaca oleh ibu.	그 글씨는 엄마가 읽을 수 있다.
Aku **dapat** menjual mobil bekas itu.	난 그 중고 자동차를 팔 수 있다.
→ Mobil bekas itu terjual olehku.	그 중고 자동차는 내가 팔 수 있다.
Lidya **tidak dapat** membeli CD itu.	리디아는 그 음반을 살 수 없다.
→ CD itu **tidak** terbeli oleh Lidya.	그 음반은 리디아가 살 수 없다.

2. ter- 접두사 피동문에 능동문이 없는 경우

한국어 피동문 '날씨가 풀렸다'처럼 ter- 접두사 동사에 의한 피동문은 상대되는 능동문이 없는 경우가 있습니다.

ter- + 동사/명사	(어쩌다가) ~되었다 / ~되어 있다
Pintu itu sudah terbuka waktu saya datang.	그 문은 내가 왔을 때 벌써 열려 있었다.
Pada hari Minggu gerbang itu tertutup.	일요일에 저 대문이 닫혀 있다.
Kambing itu terikat di pohon.	저 염소는 나무에 묶여 있다.
Nenek terkejut waktu melihat kami.	할머니께서 우리를 보실 때 놀라셨다.
Anak saya terbangun karena suara guruh.	우리 아이는 천둥 소리 때문에 깼다.

3. ter- 접두사 피동문은 상태의 성격

di- 접두사 동사에 의한 피동문과 ter- 접두사 동사에 의한 피동문은 같은 피동문이라도 용도가 완전히 다릅니다. 일반적으로 di- 피동문은 동작의 성격이 있지만, ter- 피동문은 상태의 성격을 갖습니다. 또한 ter- 피동문에 행위자가 나타나는 경우 1, 2처럼 '우연히, 실수로' 또는 '가능'의 뜻을 나타내기도 합니다. 다음 예시를 통해 di- 접두사와 ter- 접두사 동사에 의한 피동문의 차이를 비교해 보세요.

di-	Pintu itu dibuka oleh Rahmat.	저 문은 라흐맛 씨가 열었다.	(동작)
ter-	Pintu itu terbuka dari tadi.	저 문은 아까부터 열려 있었다.	(상태)
	Pintu itu terbuka oleh Rahmat.	저 문은 라흐맛 씨가 열 수 있었다.	(가능)
	Pintu itu terbuka karena Rahmat.	저 문은 라흐맛 씨 때문에 열렸다.	(우연)

di-	Saya dipukul oleh adik.	동생이 나를 때렸다.	(동작)
ter-	Saya terpukul oleh adik.	나는 동생에게 맞게 되었다/맞았다.	(가능/우연)
	Saya terpukul karena kejadian itu.	나는 그 사건 때문에 충격을 받았다.	(상태)

di- 접두사 피동문과 ter- 접두사 피동문의 뜻이 거의 비슷한 경우도 있습니다.

di-	Baju itu dibuat dari kain sutra.	저 옷은 실크로 만들어졌다.
ter-	Baju itu terbuat dari kain sutra.	저 옷은 실크로 만들어졌다.

di-	Buku itu ditulis dalam bahasa Korea.	저 책은 한국어로 쓰였다.
ter-	Buku itu tertulis dalam bahasa Korea.	저 책은 한국어로 쓰였다.

4. ter- 접두사가 형용사 뜻을 나타낼 경우

ter- 접두사는 동사로만 쓰이는 것이 아닙니다. ter- 접두사는 형용사와 명사 nama와 결합하여 최상급 형용사의 뜻을 나타냅니다.

ter- + 형용사		가장 ~하다
tinggi → tertinggi	높다 가장 높다	Gunung Halla adalah gunung tertinggi di Korea. 한라산은 한국에서 가장 높은 산이다.
baik → terbaik	좋다 가장 좋다	Ibu Siti adalah guru terbaik di kampus. 시띠 선생님은 학교에서 가장 좋은 선생님이다.
besar → terbesar	크다 가장 크다	Candi Borobudur adalah candi terbesar di Indonesia. 보로부두르 사원은 인도네시아에서 가장 큰 사원이다.
nama → ternama	이름 가장 잘 알려지다	Mozart adalah komponis ternama di dunia. 모차르트는 세계서 가장 유명한 작곡가이다.

1. 다음 능동문을 ter- 접두사에 의한 피동문으로 바꿔 쓰세요.

> 보기   Saya tidak sengaja minum obat itu.
>
> → Obat itu **terminum** oleh saya.

(1) Amina tidak sengaja menginjak tas saya.   _____

(2) Tina dapat mengangkat tas yang berat itu.   _____

(3) Kamu tidak sengaja memotong pakaianku.   _____

(4) Ayah sudah dapat menebak menu hari ini.   _____

2. 다음 중에서 알맞은 어근을 골라 문장을 완성하세요. (사전 이용 가능)

terbesar	~~terkejut~~	terputus	terbaik
terbuka	terpanas	terbangun	tertinggi

> 보기   Saya terkejut waktu mendengar suaranya yang merdu.

(1) Seoul adalah kota _____ di seluruh Korea.

(2) Suami saya _____ karena mimpi buruk.

(3) Hubungan kami _____ karena kami bertengkar.

(4) Reply 1988 adalah salah satu drama _____ tahun ini.

(5) Waktu mereka datang, pintu itu sudah _____ dan ternyata rumah mereka kemalingan.

(6) Hari ini adalah hari _____ tahun ini. Suhunya 40 derajat Celcius.

(7) Burj Khalifa adalah gedung _____ di dunia. Tingginya 828 meter.

Saya Takut Nanti Terlalu Malam

Chul Soo	Sophie! Buku saya kamu lihat?
Sophie	Ya. Bukumu terbawa oleh saya.
	Kamu bisa mampir nanti malam?
Chul Soo	Wah, maaf. Saya telanjur ada janji.
	Saya takut nanti terlalu malam.
Sophie	Menurut saya tidak apa-apa.
	Saya pasti terbangun kalau kamu datang.
Chul Soo	Saya rasa tidak akan *keburu*.
Sophie	Kenapa?
Chul Soo	Saya khawatir saya akan terlalu capai.
Sophie	Baiklah kalau begitu.
	Besok saya bawa ke kampus.

이따 너무 늦을 것 같아서.

철수	소피야! 내 책 봤어?
소피	응. 내가 실수로 가지고 왔어.
	저녁에 잠시만 들렀다 갈래?
철수	미안한데, 선약이 있어.
	이따 너무 늦을 것 같아서.
소피	내 생각에는 괜찮은데.
	네가 오면 잠이 깰 거야.
철수	시간이 안 될 것 같다.
소피	왜?
철수	너무 피곤할 것 같아.
소피	그럼 알았어.
	내일 학교에 가져다줄게.

새 단어

telanjur 사전에 벌써, 늦었다
keburu 사전에 벌써, 시간이 되다
khawatir 걱정하다, 염려하다

• Kamu bisa mampir nanti malam? 　　　　　　　　오늘 저녁에 들를 수 있어요?

　Saya **pikir** saya bisa mampir nanti malam. 　　내 생각에 오늘 저녁에 들를 수 있어요.

　Saya **rasa** bisa. 　　　　　　　　　　　　　들를 수 있을 것 같아요.

　Saya **kira** saya mungkin bisa mampir nanti malam. 　내 생각에 오늘 저녁에 아마 들를 수 있어요.

　Saya **setuju** kalau kita bertemu hari ini. 　　오늘 만나는 거라면 동의해요.

• Kamu bisa mampir nanti malam? 　　　　　　　　오늘 저녁에 들를 수 있어요?

　Saya **khawatir** saya tidak bisa mampir nanti malam. 　오늘 저녁에 들를 수 없을 같아요.

　Saya **takut** nanti terlalu malam karena telanjur ada janji. 　오늘 저녁에 선약이 있어서 늦을 것 같아요.

　Menurut saya sebaiknya kita bertemu besok. 　내일 보는 것이 좋을 것 같아요.

　Bagaimana kalau kita bertemu besok saja? 　　그냥 내일 보는 것이 어때요?

💡 **Tip** | 동사　telanjur / keburu

★ telanjur

하지 말았어야 하는 행동을 해 버렸다는 뜻으로 씁니다.

　┌ A : Kue itu jangan dimakan, ya! 　　　　그 케이크를 먹지 마!
　└ B : Yah! Sudah telanjur. 　　　　　　　아차! 벌써 다 먹었는데.

★ keburu

어떤 행동을 하기 위해 시간이 되거나 안 된다고 할 때 사용합니다. 이러한 뜻의 **keburu**는 **sempat**으로 바꿔 쓸 수 있습니다.

　┌ A : Kamu bisa mampir nanti malam? 　　오늘 저녁에 들를 수 있어?
　└ B : Rasanya sih tidak keburu. 　　　　시간이 안 될 것 같아.

★ telanjur과 keburu가 조동사처럼 다른 동사를 선행할 때

이때 keburu는 telanjur의 뜻을 똑같이 나타낼 수 있습니다.

　Kue itu sudah telanjur kami makan.
　Kue itu sudah keburu kami makan. 　　　　그 케이크는 우리가 벌써 다 먹었다.
　Saya sudah telanjur pulang ke rumah.
　Saya sudah keburu pulang ke rumah. 　　　난 벌써 집에 가는 중이다.

145

1. 다음 대화를 듣고 빈칸을 채워 보세요.

Sophie	Chul Soo. Ini bukumu yang terbawa oleh saya.
Chul Soo	Terima kasih. _____ mana bukumu?
Sophie	Ya, ampun! Buku saya _____.
	Akhir-akhir ini saya suka lupa.
Chul Soo	Saya angkat _____, deh.
	Kamu mau saya antar ke rumah lagi?
Sophie	Tidak usah!
	Saya rasa saya bisa _____ buku dari ibu Siti.
Chul Soo	Jangan sungkan, lo!
Sophie	Tidak, kok. Tidak _____.

2. 앞의 대화를 다시 듣고 다음 질문에 답하세요.

(1) 소피는 철수의 책을 가지고 왔나요? 소피는 자기 책을 가지고 왔나요?

_____

(2) 소피는 책을 어떻게 할 건가요?

_____

Kue Terang Bulan

Kue Terang Bulan adalah penganan khas Indonesia yang sangat ternama. Kue Terang Bulan dikenal di daerah-daerah di Indonesia sebagai Martabak Manis atau Martabak Bangka di Jakarta, Terang Bulan di Bandung, Kue Bandung di Semarang, Apam Pinang di Pontianak, atau Kue Bulan di Indonesia bagian timur.

Kue Terang Bulan terdiri atas kulit dan isi. Kulit kue Terang Bulan terbuat dari campuran tepung terigu, telur ayam, santan, air, ragi, dan soda kue. Kulit kue Terang Bulan dipanggang di penggorengan besi yang tebal. Kulit kue Terang Bulan biasanya sangat tebal dan berserat. Setelah matang, kulit kue Terang Bulan diberi isi seperti gula, cokelat, wijen, kacang tanah, atau keju lalu disiram dengan susu kental manis dan diolesi dengan banyak mentega.

Kue Terang Bulan adalah penganan asli Melayu-Indonesia yang diduga berasal dari kue *Hok Lo Pan* yang dibuat oleh orang keturunan Tionghoa Hakka yang banyak mendiami pulau Bangka dan pulau Belitung. Kue Terang Bulan bukan kue yang pernah ada di daratan Tiongkok sehingga kue ini diberi nama *Hok Lo Pan* yang berarti kue orang Hok Lo untuk mengangkat gengsi kue ini. Kini kue Terang Bulan bisa dibeli di kios-kios di pinggir jalan di kota-kota di Indonesia dan juga Malaysia.

 단어   **susu kental manis** 연유   **diolesi** 여러 번 발라지다   **diduga** 예상되다, 예측되다   **mendiami** ~에 살다   **gengsi** 명예, 이름, 자존심   **kios** 가게, 매점

1. 앞의 읽기 내용을 참고해서 다음 문장이 맞으면 B, 틀리면 S에 ○ 표시하세요.

(1) Kue Terang Bulan sangat terkenal.   B   S

(2) Nama kue ini di Jakarta adalah Martabak Manis.   B   S

(3) Kulit kue Terang Bulan tipis dan kering.   B   S

(4) Kue Terang Bulan berasal dari Tiongkok.   B   S

(5) Kue Terang Bulan hanya ada di Indonesia.   B   S

2. 다음 질문에 답하세요.

(1) Apa nama lain dari Kue Terang Bulan?

_____

(2) Kue Terang Bulan terdiri atas apa saja?

_____

(3) Kulit kue Terang Bulan terbuat dari apa saja?

_____

(4) Kue Terang Bulan dapat diisi dengan apa saja?

_____

(5) Kenapa kue ini diberi nama Hok Lo Pan oleh orang Hakka?

_____

숙어 (2)

10과에서는 신체 부위를 사용한 숙어를 소개했습니다. 이 과에서는 흔히 많이 쓰이고 신체 부위 이외와 관련된 숙어를 알아보겠습니다.

- **naik**

naik darah	→ Saya **naik darah** karena dia.	난 그 사람 때문에 화났다.
naik daun	→ Artis itu sedang **naik daun**.	저 연예인은 인기가 올라가고 있다.

- **turun**

turun tangan	→ Akhirnya pak guru **turun tangan**.	마침내 선생님이 도와줬다.

- **angkat**

angkat bicara	→ Dia **angkat bicara** setelah terdiam.	조용히 있다가 말하기 시작했다.
angkat topi	→ Kami **angkat topi** untuk dia.	우리는 그를 인정(존경)한다.
angkat kaki	→ Cepat **angkat kaki** dari sini!	여기서 얼른 떠나라!
angkat tangan	→ Saya **angkat tangan**.	난 포기(항복)한다.

- **anak**

anak angkat	→ Saya cuma **anak angkat**.	난 단지 양아들일 뿐이다.
anak bawang	→ Lidya cuma **anak bawang**.	리디아는 그냥 '깍두기'이다.
anak buah	→ Hati-hati! **Anak buah**nya datang!	조심해! 그의 부하가 왔어!

- **buah**

buah hati	→ Dia adalah **buah hati**ku.	그는 내가 사랑하는 사람이다.
buah dada	→ **Buah dada**nya dioperasi kemarin.	그녀는 어제 유방 수술을 받았다.
buah tangan	→ Itu adalah **buah tangan**nya.	그것은 그녀의 작품(선물)이다.
buah pikiran	→ **Buah pikiran**nya sangat bagus.	그의 의견이 아주 좋다.

- **tutup**

tutup mulut	→ Sebaiknya saya **tutup mulut**.	난 입을 다무는 게 좋을 것 같다.
tutup usia	→ Kakek saya **tutup usia** tahun lalu.	우리 할아버지는 작년에 돌아가셨다.

Pelajaran

12

Saya Kemarin Kecapaian

저는 어제 너무 피곤했습니다

학습내용: Isi Pelajaran

- 피동문 (4) – ke-an 접환사
- ke-an 접환사에 의한 피동문 및 형용사문의 구성
- 표현 : 목적 제시하기
- 접속사 untuk / supaya / agar
- 구어체 (2) – nge- 구어체 접두사 동사

Tina kehilangan dompetnya di perpustakaan.

Buku Chul Soo ketinggalan di kantin.

Lidya kedinginan padahal sudah berjaket.

Di musim hujan banyak rumah kebanjiran.

Kopi yang saya pesan itu kepahitan.

Baju Sophie kebesaran.

Ibu Siti sangat keibuan dan baik hati.

Laki-laki itu terlalu kewanitaan.

피동문 (4) – ke-an 접환사

ke-an 접환사에 의한 피동은 세 번째 피동입니다. 어근과의 결합 규칙은 비교적 간단합니다. ke-an 접환사에 의한 피동문은 di- 또는 ter- 에 비하면 피동의 뜻이 확실하지 않은 편입니다. ke-an 접환사에 의한 피동문은 단지 '겪었다, 맞았다'는 개념적인 뜻이 있어서 피동문이라고 합니다. 그래서 의사 피동이라고도 합니다.

1. '겪다, 맞다, 당하다'의 뜻

ke-an 접환사는 동사, 명사, 형용사와 결합할 수 있습니다. ke-an 접환사에 의한 피동문은 대부분 상대 능동문이 없으며 직역을 하면 능동문으로밖에 해석할 수 없습니다. ke-an 접환사 동사에 의한 문장의 주어가 나타내는 행위를 겪거나 맞거나 당한다는 뜻을 나타냅니다. ke-an 접환사 동사 뒤에 추가로 주어가 무엇으로 또는 무엇을 겪거나 맞거나 당한다는 것을 설명하는 보어가 나올 수 있습니다.

[피동문]　　 Siti ke**hilang**an dompetnya di pasar.
　　　　　　 주어　　 피동사　　　　보어　　　 부사어

ke-an + 동사	당하다 / 겪다
Siti kehilangan dompetnya di pasar.	시띠는 시장에서 지갑을 잃어버렸다.
Rahmat ketinggalan pesawat minggu lalu.	라흐맛은 지난주에 비행기를 놓쳤다.
Buku saya ketinggalan di kantin.	내 책은 구내 식당에 놓고 왔다.
Tina kehabisan kue yang enak itu.	띠나는 그 맛있는 케이크가 품절되어 못 샀다.
Laki-laki itu ketiduran di dalam bus.	그 남자는 버스에서 졸아 버렸다.
Aku ketularan flu dari dia.	난 그의 감기에 옮았다.

2. '상태에 있다'의 뜻

ke-an 접환사는 당하거나 겪는다는 뜻 이외에 '상태에 있다'의 뜻도 있습니다. 즉, kedinginan은 추위를 탄다는 뜻도 있지만 추운 상태에 있다는 뜻도 있습니다.

ke-an + 형용사	당하다 / 겪다 / ~ 상태에 있다
Lidya kedinginan karena malam itu dingin.	리디아는 그날 밤이 추워서 추위를 탔다.
Martono mudah kepanasan karena gemuk.	마르토노는 통통해서 더위를 잘 탄다.
Ayah kekenyangan makan masakan ibu.	아빠는 엄마의 요리를 먹어 배 불러 괴로워한다.
Budi kesepian karena belum punya pacar.	부디는 아직 애인이 없어 외롭다.

ke-an + 명사	당하다 / 겪다 / ~ 상태에 있다
Kakak harus naik taksi karena kemalaman.	언니는 늦어서 택시를 타야만 했다.
Banyak rumah kebanjiran karena topan.	태풍 때문에 많은 집들이 홍수에 잠겼다.
Baju saya basah karena saya kehujanan.	비를 맞아서 옷이 다 젖었다.
Rumahnya kemalingan waktu liburan.	그의 집은 휴가 때 강도를 맞았다.

3. ter- 접두사 피동문과 뜻이 같은 경우

Laki-laki itu ketiduran di dalam bus. Laki-laki itu tertidur di dalam bus.	그 남자는 버스에서 졸아 버렸다.
Wihara itu kebakaran tahun lalu. Wihara itu terbakar tahun lalu.	저 절은 지난해에 불이 났다.

4. 형용사와 결합할 때

ke-an 접환사와 형용사가 결합하게 되는 경우는 주로 '너무'의 뜻인데, 주로 구어체에서 쓰입니다. 문어체에서는 주로 terlalu를 씁니다.

ke-an + 형용사			너무 / 지나치게 ~
Teh ini terlalu manis.	→	Teh ini kemanisan.	이 차는 너무 달다.
Baju ini terlalu kecil.	→	Baju ini kekecilan.	이 옷은 너무 작다.
Sambalnya terlalu pedas.	→	Sambalnya kepedasan.	고추장이 너무 맵다.
Hari ini terlalu panas.	→	Hari ini kepanasan.	오늘 너무 덥다.

5. ke-an 접환사 동사와 ke-an 접환사 형용사

언뜻 ke-an 접환사 동사와 ke-an 접환사 형용사는 비슷해 보이지만 사실은 뜻과 주어가 다릅니다.

Martono kepanasan karena hari ini panas.	오늘 더워서 마르토노는 더위를 탔다.	(동사)
Hari ini kepanasan.	오늘은 너무 덥다.	(형용사)
Lidya kepedasan karena makan sambal.	리디아는 고추장을 먹어서 매워 한다.	(동사)
Sambalnya kepedasan.	고추장이 너무 맵다.	(형용사)

반면에 동사나 형용사나 뜻이 별로 다르지 않은 경우도 있습니다. 이 경우는 동사로 볼 수도 있고 형용사로 볼 수도 있습니다.

Budi kekenyangan karena banyak makan.	부디는 많이 먹어서 배불러 죽겠다.	(동사)
	부디는 많이 먹어서 너무 배불렀다.	(형용사)
Tina kecapaian setelah berolahraga.	띠나는 운동한 후에 피곤해 죽겠다.	(동사)
	띠나는 운동한 후에 너무 피곤했다.	(형용사)

6. ke-an 접환사에 명사가 결합하여 형용사를 형성할 때

ke-an 접환사는 명사와 결합하여 형용사를 형성할 수 있습니다. 주로 '~의 특성을 가지다, 약간 ~인 것 같다'는 뜻을 나타냅니다. '약간 ~인 것 같다'는 의미를 하는 명사는 주로 색상을 나타내는 명사입니다.

ke-an + 명사	~의 특성을 가지다 / ~인 것 같다
Lidya ternyata sangat keibuan.	리디아는 알고 보니 모성애적인 면이 있다.
Farras memimpin dengan sangat kebapakan.	파라스는 부성의 리더십으로 이끈다.
Pipinya kemerahan karena malu.	부끄러워서 볼이 불그스름하다.
Kemejanya menjadi berwarna putih kekuningan.	그의 와이셔츠는 누런색이 되었다.

1. ke-an 접환사를 사용하여 피동문을 완성하세요.

> | 보기 | Saya (habis) bus tadi malam. |
> |---|---|
> | | → Saya **kehabisan** bus tadi malam. |

(1) Mega (tidur) di dalam kelas karena bergadang. _____

(2) Uang Eva (maling) karena dia tidak berhati-hati. _____

(3) Vely (dingin) walaupun dia sudah berjaket. _____

(4) Rumah Zai (bakar) semalam. _____

(5) Ruri (tular) penyakit itu dari temannya. _____

2. 다음 중에서 알맞은 어근을 골라 문장을 완성하세요.

kehujanan	ketinggalan	kehitaman	kesiangan
kepanasan	kelaki-lakian	kerampokan	~~kehilangan~~

> | 보기 | Ibu tidak bisa berbelanja hari ini karena ibu <u>kehilangan</u> uang. |
> |---|---|

(1) Tangan saya menjadi _____ karena arang.

(2) Lidya kadang-kadang kelihatan _____ daripada saya.

(3) Pakaian kami basah karena _____ di jalan.

(4) Kami tidak bisa masuk karena kuncinya _____ di rumah.

(5) Waktu mereka datang, pintu itu sudah terbuka dan ternyata rumah mereka _____.

(6) Hari ini suhu udara tidak tinggi, tetapi saya _____.

(7) Setiap hari dia terlambat karena _____.

Untuk Apa?

Siti	Luigi! Kamu sudah mengerjakan PR?
Luigi	Maaf, Bu. Saya kemarin kecapaian.
	Saya sedang belajar memasak di daerah Blok S.
Siti	Untuk apa kamu belajar memasak?
Luigi	Supaya saya bisa ikut *Masterchef Indonesia*, Bu.
Siti	Kamu suka memasak?
Luigi	Ya. Memasak membuat hati saya senang.
Siti	Biasanya kamu memasak untuk siapa?
Luigi	Untuk orang-orang yang dekat dengan saya.
	Kapan-kapan Ibu akan saya undang ke rumah.
Siti	Wah! Ditunggu undangannya.

뭐 하러?

시띠	루이기! 숙제 다 했어요?
루이기	죄송해요. 어제 너무 피곤했어요. 저는 S블록에서 요리를 배우고 있어서요.
시띠	뭐 하러 요리를 배워요?
루이기	저는 '마스터셰프 인도네시아'에 참여하려고 배웁니다.
시띠	요리하는 것을 좋아해요?
루이기	네. 요리하는 것은 즐거워요.
시띠	주로 누구를 위해 요리해요?
루이기	친한 사람들을 위해서요. 언제 한 번 우리 집으로 초대할게요.
시띠	와. 초대를 기다릴게요.

새 단 어

mengerjakan (일 등을) 하다, 수행하다
kapan-kapan 언젠가, 나중에

- **Untuk apa** kamu belajar memasak?

  Untuk ikut Masterchef Indonesia.

  Supaya saya bisa ikut *Masterchef Indonesia*.

  Agar saya bisa ikut *Masterchef Indonesia*.

- **Untuk siapa** kamu memasak?

  Untuk teman-teman saya.

  Untuk siapa saja yang mau makan masakan saya.

왜 요리를 배워요?

마스터셰프 인도네시아에 참가하기 위해서요.

마스터셰프 인도네시아에 참가할 수 있기 위해서요.

마스터셰프 인도네시아에 참가할 수 있기 위해서요.

누구를 위해 요리를 합니까?

친구들을 위해서요.

내 음식을 먹고 싶은 누군가를 위해서요.

 Tip │ 전치사 untuk & 접속사 supaya / agar

주로 목표나 목적을 제시하기 위해서 untuk, supaya, agar 등을 사용합니다.

★ untuk

untuk은 어떠한 행위를 하는 목적이나 그 행위의 대상을 밝힐 때 씁니다. 그러므로 untuk은 동사와 명사 앞에 붙입니다.

Saya memasak untuk ibu saya.	난 엄마를 위해 요리한다.
Saya memasak untuk makan malam.	난 저녁을 위해 요리한다.
Saya memasak untuk dimakan.	난 먹기 위해 요리한다.

★ supaya / agar

Supaya와 agar는 주로 문장 앞에 쓰는 접속사입니다. 어떠한 행위를 함으로써 다른 일이 일어나길 바란다는 뜻으로 씁니다. supaya와 agar는 접속사이기 때문에 앞 문장과 뒷문장의 주어가 같은 경우 주어 생략이 가능합니다. 다음 예시를 통해 전치사 untuk과 무슨 차이가 있는지 확인합시다.

Saya belajar memasak untuk ikut Masterchef.	난 마스터셰프에 참가하기 위해 요리를 배운다.	(목적)
Saya belajar memasak supaya saya bisa ikut *Masterchef*.	난 마스터셰프에 참가할 수 있도록 요리를 배운다.	(희망)
Saya belajar memasak agar saya bisa ikut *Masterchef*.	난 마스터셰프에 참가할 수 있도록 요리를 배운다.	(희망)
Saya belajar memasak supaya (saya) senang.	내가 스스로 기뻐하기 위해 (나는) 요리를 배운다.	
Saya belajar memasak agar (saya) senang.		

1. 다음 대화를 듣고 빈칸을 채워 보세요.

Luigi   Bu Siti. Ibu _____ waktu hari Sabtu nanti?

Siti   Ya, saya tidak sibuk hari itu. _____?

Luigi   Akan ada pesta kecil di rumah saya.

         Sophie, Chul Soo, dan _____ yang lain juga akan datang.

Siti   Pesta untuk apa?

Luigi   Untuk _____ saya lolos audisi *Masterchef Indonesia*.

Siti   Wah! Selamat, ya Luigi. Kamu memang hebat.

Luigi   Terima kasih, Bu. _____ hari Sabtu ini jam 11 siang.

         Jangan kesiangan, ya Bu. Nanti kami kelaparan.

Siti   Ha ha ha! Baiklah!

2. 앞의 대화를 다시 듣고 다음 질문에 답하세요.

(1) 루이기는 왜 집에서 파티를 하나요?

_____

(2) 파티는 언제입니까? 파티에 누가 올 건가요?

_____

Layanan Taksi Canggih di Korea

Apakah Anda pernah kemalaman di jalan setelah bekerja lembur atau setelah minum-minum? Apakah Anda pernah kesusahan mencari taksi untuk pulang ke rumah setelah bekerja lembur atau minum-minum? Seperti di negara-negara lainnya, kini Anda dapat menggunakan layanan *Kakao Taxi*, *Uber Taxi*, dan juga *Naver Taxi* agar dapat pulang ke rumah dengan nyaman dan aman.

Layanan-layanan tersebut membuat para pengguna taksi tidak harus bersusah payah menunggu dan menyetop taksi di pinggir jalan di tengah malam. Dengan layanan-layanan canggih tersebut kini para pengguna taksi dapat memanggil taksi tanpa harus beranjak dari tempatnya. Layanan-layanan taksi tersebut memberi informasi lokasi calon penumpang kepada sopir taksi sehingga sopir taksi dapat dengan mudah mencari dan datang ke tempat calon penumpang itu berada.

Dahulu calon penumpang harus menelepon kantor taksi untuk memesan taksi, tetapi kini calon penumpang hanya cukup menggunakan *smartphonenya* saja. Selain itu kalau penumpang sudah naik ke dalam taksi, penumpang dapat mengirim SMS info taksi dan sopirnya kepada keluarga dan kerabat terdekat.

Anda kecapaian dan ketiduran di taksi setelah lembur atau minum-minum? Jangan takut lagi. Kini Anda dapat menggunakan layanan taksi canggih dan aman di Korea ini tanpa rasa khawatir lagi.

 lembur 잔업, 야근   **menggunakan** 이용하다, 사용하다   **layanan** 서비스   **bersusah payah** 힘들어하다   **beranjak** 한 발짝 움직이다

1. 앞의 읽기 내용을 참고해서 다음 문장이 맞으면 B, 틀리면 S에 ○ 표시하세요.

    (1) Orang Korea bekerja lembur untuk minum-minum.   B   S

    (2) Layanan Taksi canggih hanya ada di Korea.   B   S

    (3) Dahulu calon penumpang harus beranjak dari tempatnya.   B   S

    (4) Kini calon penumpang harus memanggil taksi di jalan.   B   S

    (5) Kita tetap harus khawatir waktu menggunakan layanan itu. B   S

2. 다음 질문에 답하세요.

    (1) Kita menggunakan layanan taksi canggih supaya apa?

    _____

    (2) Layanan taksi canggih tersebut membuat para pengguna taksi menjadi apa?

    _____

    (3) Kenapa sopir taksi dapat dengan mudah mencari lokasi penumpang?

    _____

    (4) Dahulu bagaimana cara calon penumpang memanggil taksi?

    _____

    (5) Kini bagaimana cara calon penumpang memanggil taksi?

    _____

구어체 ⑵ – nge- 구어체 접두사 동사

이 과에서는 me- 접두사에 의한 타동사를 일상생활에서 어떻게 사용하는지 배워 보겠습니다.(구어체 1은 9과 참조) me- 접두사 동사인 경우 대부분 me-를 빼고 동사만 말하거나 me- 대신에 nge- 구어체 접두사로 대체하면 됩니다. 단, 다음 표의 동사들은 형태 변화를 시킨 후 me-를 빼거나 nge- 구어체 접두사로 대체합니다.

me-의 형태	활용법	어근의 첫 글자		문어체	구어체
me-	추가	l	lihat	melihat	ngelihat
		n	nanti	menanti	ngenanti
		r	rawat	merawat	ngerawat
		w	wabah	mewabah	ngewabah
mem-	탈락	p	potong	memotong	motong
meng-	추가	모음	ambil	mengambil	ngambil
			ejek	mengejek	ngejek
			ikat	mengikat	ngikat
			obrol	mengobrol	ngobrol
			ubah	mengubah	ngubah
		g	gendong	menggendong	ngegendong
		h	hapus	menghapus	ngehapus / ngapus
	탈락	k	kali	mengali	ngali
men-	추가	c	cari	mencari	nyari
		d	dorong	mendorong	ngedorong
		j	jahit	menjahit	ngejahit
	탈락	t	tari	menari	nari
meny-	탈락	s	sapu	menyapu	nyapu
menge-	추가	단음절	pel	mengepel	ngepel

간혹 me- 접두사의 구어체 형태가 짧아서 인칭대명사에 의한 피동 형태와 동일하다고 착각할 수가 있습니다. 표에 있는 구어체 형태만 잘 알면 구어체와 피동문를 혼동하지 않을 수 있습니다.

Saya mengambil rok putih kekuningan itu.	난 그 노란색의 치마를 선택했다.	(문어체)
Saya ngambil rok putih kekuningan itu.	난 그 노란색의 치마를 선택했다.	(구어체)
Rok putih kekuningan itu saya ambil.	그 노란색의 치마는 내가 선택했다.	(피동문)

Pelajaran

13

Saya Mau Mengadakan Pesta

저는 파티를 열려고 합니다

학습내용: Isi Pelajaran

- me-kan 접환사 (1) – 사동형
- me-kan 접환사에 의한 사동사문의 구성
- 표현 : 조언을 구하고 제안하기
- 부사 sebaiknya / seharusnya
- 구어체 (3) – ke- 구어체 접두사 동사

Pak Rahmat memajukan mobilnya.

Bu Siti menghangatkan nasi dengan microwave.

Kabar kedatangannya sangat menyenangkan.

Film itu benar-benar membosankan.

Chul Soo pernah membukukan pengalamannya di Indonesia.

Kami menyekolahkan anak kami ke Jepang.

Lidya bukan pelajar SMA, melainkan mahasiswa.

Buku saya bukan yang itu, melainkan yang ini.

me-kan 접환사 (1) – 사동형

me-kan 접환사는 me- 접두사만큼 많이 쓰입니다. me-kan는 결합 규칙에 따라 크게 2가지로 나눌 수 있습니다. ⓐ어근이 me-kan과 한 번에 결합되는 경우, ⓑme- 접두사와 결합한 뒤 다시 -kan 접미사와 결합되는 경우입니다. ⓐ는 주로 사동사를 구성하는 반면 ⓑ는 수혜자격(benefaktif) 동사를 구성합니다. 이 과에서는 사동사의 me-kan 접환사를 다루겠습니다. (수혜자격 동사의 me-kan 접환사는 14과 참조)

1. me-kan에 의한 사동사 형성

me-kan은 주로 타동사문으로 사용되지 않는 자동사, 형용사, 명사와 함께 결합하여 새로운 타동사인 사동사를 형성합니다.

[자동사문] **Kota itu maju.**
　　　　　주어　　형용사

[사동사문] **Dia memajukan kota itu.**
　　　　　주어　　형용사　　목적어

2. '〜하게 하다'를 의미하는 me-kan 사동사

일반적으로 사동형은 행위 대상이 동사의 뜻대로 하게 한다는 뜻을 나타냅니다. 1의 예시로 나온memajukan에서 동사 maju는 '전진하다, 발전하다'의 뜻이기 때문에 memajukan은 '전진시키다, 발전시키다'의 뜻이 됩니다.

me-kan + 자동사/형용사/명사		〜하게 하다
masuk	들어가다, 들어오다	Kamu memasukkan buku itu ke dalam tas.
→ memasukkan	넣다, 집어넣다	너는 그 책을 가방 안에 넣었다.
panas	덥다, 뜨겁다	Saya memanaskan susu yang dingin itu.
→ memanaskan	데우다	나는 그 찬 우유를 데웠다.
putih	희다, 하얗다	Ibu memutihkan baju ayah.
→ memutihkan	희게 하다, 하얗게 하다	엄마는 아빠의 옷을 표백했다.

3. 형용사로서의 me-kan 사동사

형용사와 결합하여 사람의 감정과 관련된 me-kan 접환사에 의한 사동사들은 형용사처럼 기능을 하고 또한 형용사의 부사와 함께 결합될 수 있습니다. 이러한 동사들은 주로 목적어가 없기 때문에 해석할 때 형용사로 하는 것이 더 편합니다.

me-kan + 형용사		~하게 하다
senang → menyenangkan	기쁘다 기쁘게 하다	Kabar itu kurang menyenangkan. 그 소식은 별로 기쁘지 않다.
kejut → mengejutkan	놀라다 놀라게 하다	Kejadian itu terlalu mengejutkan. 그 사건은 너무 깜짝 놀라게 하다.
bosan → membosankan	지루하다 지루하게 하다	Cerita itu sangat membosankan. 그 이야기는 매우 지루하다.

4. 사동문을 피동문으로 바꾸기

사동문은 목적어가 있기 때문에 타동문에 속합니다. 그러므로 다른 타동문처럼 피동문이 당연히 있습니다. 사동문의 피동문 규칙은 다른 타동문과 마찬가지로 di- 접두사에 의한 피동과 인칭대명사에 의한 피동 규칙이 적용됩니다.

Kamu memasukkan buku itu ke dalam tas.   너는 그 책을 가방 안에 넣었다.
→ Buku itu **kamu** masukkan ke dalam tas.   그 책은 네가 가방에 넣었다.

Saya memanaskan susu yang dingin itu.   나는 그 찬 우유를 데웠다.
→ Susu yang dingin itu **saya** panaskan.   그 찬 우유는 내가 데웠다.

Amir menyekolahkan anaknya ke Korea.   아미르는 아들을 한국으로 유학시켰다.
→ Anak Amir disekolahkan oleh **Amir** ke Korea.   아미르의 아들은 아미르가 한국으로 유학시켰다.

Polisi memenjarakan penjahat itu.   경찰은 저 범인을 투옥시켰다.
→ Penjahat itu dipenjarakan oleh **polisi**.   저 범인은 경찰이 투옥시켰다.

Gajah Mada menyatukan Indonesia.   가자마다가 인도네시아를 통일시켰다.
→ Indonesia disatukan oleh **Gajah Mada**.   인도네시아는 가자마다가 통일시켰다.

5. me-kan 접환사와 결합되지만 사동의 뜻이 없는 경우

me-kan 접환사와 결합되지만 사동의 의미가 없고 하나의 어휘로 변해 버린 merupakan과 melainkan은 상대 피동문이 없습니다. 동사 merupakan은 주로 adalah을 대신할 수 있습니다. melainkan은 주로 부정사 bukan과 함께 써서 접속사로 씁니다.

Seoul **merupakan** kota paling besar di Korea Selatan.	서울은 남한의 가장 큰 도시이다.
Tidur **merupakan** cara istirahat yang paling efektif.	자는 것은 가장 효율적인 쉬는 방법이다.
Dia **bukan** orang Jepang, **melainkan** orang Korea.	그녀는 일본인이 아니라 한국인이다.
Bukan dia, **melainkan** saya yang bersalah.	잘못한 것은 그가 아니라 나이다.

이 밖에도 동사 mengerjakan, melakukan, menjelaskan, menyebabkan, mengadakan 등은 me-kan 접환사가 자동사와 결합되지만 사동이 아닌 새로운 뜻을 만듭니다.

Adik tidak **mengerjakan** PR semalam.	어젯밤에 동생은 숙제를 안 했다.
Chul Soo suka **melakukan** perbuatan baik.	철수는 좋은 일을 자주 한다.
Ibu Siti **menjelaskan** tentang tata bahasa.	시띠 선생님은 문법에 대해 설명하였다.
Hujan besar itu **menyebabkan** banjir.	그 큰 비가 홍수를 초래했다.
Korea pernah **mengadakan** olimpiade.	한국은 올림픽을 개최한 적이 있다.

Latihan · 연습문제

1. 다음 능동문을 피동문으로 바꿔 쓰세요.

> **보기**
> Saya memanaskan sayur di dapur.
> → Sayur **saya panaskan** di dapur.

(1) Saya menaikkan tas itu ke atas lemari. _____

(2) Tina mengeluarkan roti itu dari tasnya. _____

(3) Ayah saya tidak membesarkan saya. _____

(4) Hujan besar itu menyebabkan banjir tahun ini. _____

(5) Korea mengadakan Olimpiade Seoul 1988. _____

2. 다음 중에서 알맞은 어근을 골라 문장을 완성하세요.

merupakan	membesarkan	memulangkan	mendirikan
mengerikan	menyekolahkan	~~melainkan~~	menurunkan

> **보기**
> Stephanie bukan orang Australia, melainkan orang Amerika.

(1) Raja Sejong _____ Istana Changgyeonggung.

(2) Nenek _____ suara TV di kamar.

(3) Tahun depan kakak akan _____ anaknya ke universitas di Eropa.

(4) Kecelakaan itu sangat _____.

(5) Pak guru terpaksa _____ murid itu ke rumah karena murid itu sakit.

(6) Tokyo _____ ibu kota Jepang dan kota terbesar di Jepang.

(7) Bu Siti _____ kucing itu dari atas meja.

Sebaiknya Kamu Berkonsultasi

Budi	Mar! Apa yang seharusnya saya lakukan kalau saya mau mengadakan pesta?
Martono	Pesta apa?
Budi	Pesta untuk merayakan ulang tahun pernikahan orang tua saya.
Martono	Sebaiknya kamu berkonsultasi dengan keluarga atau saudara kamu dahulu.
Budi	Kan, saya anak tunggal.
Martono	Hmm. Mungkin lebih baik kamu membuat daftar tamu yang mau kamu undang.
Budi	Oh, iya. Lalu apa lagi?
Martono	Ada baiknya kamu memesan tempat juga.
Budi	Nyaris saja saya lupa. Terima kasih, ya.

상의하는 것이 낫다.

부디	마르토노! 내가 파티를 연다면 뭘 해야 돼?
마르토노	무슨 파티인데?
부디	우리 부모님 결혼 기념 파티야.
마르토노	네 가족이나 형제들과 상의하는 것이 나을 거야.
부디	난 외동이잖아.
마르토노	흠… 네가 초대할 사람의 명단을 만드는 것이 나아.
부디	아, 그래. 그리고 또?
마르토노	파티장을 예약하는 것이 좋을 수도 있어.
부디	잊을 뻔했네. 고마워.

🔵 새 단어

mengadakan 개최하다, 열다
berkonsultasi 상의하다, 논의하다
nyaris ~할 뻔하다

• **Apa yang seharusnya saya lakukan** kalau saya mau mengadakan pesta?

파티를 열려면 무엇을 해야 하나요?

Sebaiknya kamu berkonsultasi dengan keluarga kamu.

가족과 함께 의논하는 것이 좋을 거예요.

Seharusnya kamu memesan tempat dulu.   먼저 파티장을 예약해야 하는데요.

Lebih baik kamu membuat daftar tamu dahulu.   먼저 초대할 손님 명단을 만드는 것이 좋을 거예요.

Mending kamu adakan di restoran saja.   그냥 레스토랑에서 여는 게 나아요.

• **Bagaimana caranya** supaya saya dapat lulus ujian?   제가 시험에 붙으려면 어떻게 해야 하나요?

Ada baiknya kamu mulai belajar sekarang.   지금부터 공부하는 것이 좋을 것이다.

Tidak ada salahnya kamu berhenti bermain-main sekarang juga.

지금부터 노는 것을 그만하는 것이 나쁠 것이 없다.

💡 **Tip** | 부사 sebaiknya / seharusnya

★ sebaiknya

주로 '~을 하는 편이 낫다'는 뜻을 나타낼 때 씁니다.

Sebaiknya saya pulang sekarang juga.   나는 지금 당장 가는 것이 나을 것이다.
Sebaiknya kita makan malam dulu.   우리는 우선 저녁을 먹는 것이 나을 것이다.

★ seharusnya

'~을 해야 한다/했어야 한다'는 뜻을 나타내기 때문에 조금 직설적이고 강조하여 제안할 때 사용합니다.

Seharusnya saya tidak makan daging hari ini.   나는 오늘 고기를 먹지 말아야 하는데요.
Seharusnya kamu pukul dia tadi.   아까 그를 때렸어야 했는데요.

★ 조언을 구하고 제안을 할 때

－조언을 요청하고 제안을 할 때 부사 sebaiknya 와 seharusnya를 주로 많이 씁니다. 이 밖에도 sebaiknya와 비슷한 뜻을
가진 lebih baik 또는 mending도 쓸 수 있습니다.

Lebih baik saya pulang sekarang juga.   나는 지금 당장 가는 것이 더 나을 것이다.
Mending saya pulang sekarang juga.   나는 지금 당장 가는 것이 더 나을 것이다.

－제안할 때 조금 돌려서 말하는 것처럼 느끼게 하는 다른 표현이 있습니다.

┌ Ada baiknya kita makan malam dulu.   우리는 우선 저녁을 먹는 것이 좋을 수도 있다.
└ Ada baiknya kamu pulang sekarang juga.   너는 지금 당장 가는 것이 좋을 수도 있다.
┌ Tidak ada salahnya kita makan malam dulu.   우리는 우선 저녁을 먹는 것이 나쁠 게 없다.
└ Tidak ada salahnya kamu pulang sekarang juga.   너는 지금 당장 가는 것이 나쁠 게 없다.

1. 다음 대화를 듣고 빈칸을 채워 보세요.

Martono	Bud! _____ pestanya?
Budi	Belum. Masih nanti malam.
Martono	Di mana pestanya? Kamu sudah *ketemu* tempatnya, kan?
Budi	Sudah, tetapi saya lupa _____ kue.
Martono	Ya, ampun! Seharusnya kamu _____ pada saya.
	Tante saya punya toko roti dekat dari sini.
Budi	Wah! Kabar yang sangat _____.
Martono	Nanti akan saya telepon kamu. _____, ya!

2. 앞의 대화를 다시 듣고 다음 질문에 답하세요.

(1) 부디는 무엇을 잊었나요?

_____

(2) 잊은 것을 누가 어떻게 해결해 줍니까?

_____

Rara Jonggrang

Rara Jonggrang adalah sebuah legenda yang berasal dari Jawa Tengah dan Yogyakarta, Indonesia. Legenda ini menceritakan cinta seorang pangeran bernama Bandung Bondowoso kepada seorang putri bernama Rara Jonggrang.

Rara Jonggrang adalah putri dari Prabu Baka dari kerajaan Baka sementara Bandung Bondowoso adalah putra dari Prabu Damar Maya dari kerajaan Pengging. Rara Jonggrang terkenal akan kecantikannya sementara Bandung Bondowoso terkenal akan kesaktiannya. Kerajaan Pengging adalah kerajaan yang makmur dan kaya sementara kerajaan Baka adalah kerajaan para raksasa.

Waktu kerajaan Baka menyerang kerajaan Pengging, kerajaan Pengging bisa mematahkan serangan kerajaan Baka. Bandung Bondowoso pun berhasil menaklukkan dan membunuh Prabu Baka. Waktu Bandung Bondowoso melihat putri Prabu Baka, Rara Jonggrang untuk pertama kalinya, ia terkagum-kagum akan kecantikannya. Bondowoso pun melamar Rara Jonggrang untuk menjadi istrinya.

Rara Jonggrang meminta Bondowoso untuk mendirikan seribu buah candi dalam semalam dan Bondowoso mengiyakan permintaan itu. Namun sebelum candi keseribu dibangun, Rara Jonggrang menggunakan tipu muslihat agar Bondowoso gagal. Bondowoso pun marah dan mengutuk Rara Jonggrang menjadi batu. Anda dapat melihat Rara Jonggrang yang berubah menjadi arca batu Dewi Durga di dalam candi Prambanan.

 kesaktian 신통력, 초능력   **raksasa** 거인, 나찰, 네피림   **tipu muslihat** 전술, 책략   **mengutuk** 저주하다   **arca** 상, 동상

1. 앞의 읽기 내용을 참고해서 다음 문장이 맞으면 B, 틀리면 S에 ○ 표시하세요.

⑴ Legenda Rara Jonggrang berasal dari Bandung.　　　　　B　　S

⑵ Rara Jonggrang adalah raksasa.　　　　　B　　S

⑶ Bandung Bondowoso membunuh ayah Rara Jonggrang.　　　　　B　　S

⑷ Bandung Bondowoso berhasil membuat seribu buah candi.　　　　　B　　S

⑸ Rara Jonggrang masih hidup di dalam candi Prambanan.　　　　　B　　S

2. 다음 질문에 답하세요.

⑴ Legenda Rara Jonggrang menceritakan apa?

_____

⑵ Rara Jonggrang dan Bandung Bondowoso terkenal akan apa?

_____

⑶ Apakah kerajaan Baka dapat menaklukkan kerajaan Pengging?

_____

⑷ Rara Jonggrang meminta Bondowoso untuk melakukan apa?

_____

⑸ Bondowoso membuat Rara Jonggrang menjadi apa?

_____

구어체 (3) – ke- 구어체 접두사

인도네시아어는 문어체와 많이 다른 구어체가 자주 쓰이는데, 따라서 표준 접사가 아닌 구어체 접사도 많습니다. 이 과에서는 피동의 ter- 접두사 대신 사용되는 ke- 구어체 접두사에 대해서 알아 보겠습니다. 피동의 ter- 접두사에는 '우연히, 실수로' 그리고 '가능하다'의 뜻이 있습니다. 이 밖에도 '이미 ~ 상태에 있다'는 뜻도 있습니다. 피동의 ter- 접두사는 구어체에서는 주로 ke- 접두사로 대체됩니다.

• 우연/실수

Anak itu terpukul oleh saya.	Anak itu **ke**pukul oleh saya.	그 아이는 나한테 (우연히) 맞았다.
Buku Tina terbawa oleh kamu.	Buku Tina **ke**bawa oleh kamu.	띠나의 책은 네가 (실수로) 가져갔다.
Uang itu tersapu oleh ibu.	Uang itu **ke**sapu oleh ibu.	그 돈은 엄마가 바닥을 쓸면서 같이 쓸려 버렸다.
Rambut saya tergunting.	Rambut saya **ke**gunting.	내 머리는 실수로 잘렸다.

• 가능

Tulisan itu terbaca oleh ibu.	Tulisan itu **ke**baca oleh ibu.	그 글씨는 엄마에게 읽혀진다.
Mobil bekas itu terjual olehku.	Mobil bekas itu **ke**jual olehku.	그 중고 자동차는 내가 팔 수 있다.
Kotak itu terpaku oleh ayah.	Kotak itu **ke**paku oleh ayah.	그 상자는 아빠가 못을 박을 수 있다.
CD itu tidak terbeli oleh Lidya.	CD itu tidak **ke**beli oleh Lidya.	그 음반은 리디아가 살 수 없다.

• 상태

Pintu itu sudah terbuka.	Pintu itu sudah **ke**buka.	그 문은 벌써 열려 있었다.
Gerbang itu tertutup.	Gerbang itu **ke**tutup.	일요일에 저 대문이 닫혀 있다.
Kambing itu terikat di pohon.	Kambing itu **ke**ikat di pohon.	그 염소는 나무에 묶여 있다.
Rel kereta terputus.	Rel kereta **ke**putus.	철도가 끊겼다.

피동의 ter- 접두사 동사 중 상태를 나타내는 일부는 ke- 구어체 접두사 동사로 바꿀 수 없다. 또한 '발견되다'의 뜻을 나타내는 ditemukan은 주로 ketemu로 씁니다.

Saya terjatuh di jalan.	Saya **ke**jatuh di jalan. (X)	나는 거리에서 넘어졌다.
Nenek terkejut.	Nenek **ke**kejut.　　(X)	할머니께서 놀라셨다.
Tas itu ditemukan di kelas.	Tas itu **ke**temu di kelas.	저 가방은 교실에서 발견되었다.

Tolong Kirimkan Surat-Surat Itu!

저 편지들을 부쳐 주세요!

학습내용 : Isi Pelajaran

- me-kan 접환사 (2) – 타동사문
- me-kan 접환사에 의한 수혜자격 타동사문의 구성
- 표현 : 도움 요청하고 제시하기
- 동사 perlu / butuh / usah
- 주제화 접미사 -nya

Adik membukakan ayah pintu.

Laki-laki itu menutupkan wanita itu jendela.

Budi membelikan Martono kemeja baru.

Tina mencucikan Lidya sebuah apel.

Pak Rahmat membawakan tas ibu Siti.

Luigi mencarikan buku Sophie.

Ibu mengirimkan surat kepada kakak saya.

Ayah mendengarkan radio setiap malam.

me-kan 접환사 (2) – 타동사문

수혜자격은 동사의 행위를 받는 것을 뜻합니다.

[타동사문]　　　Adik membuka pintu untuk saya.
　　　　　　　　주어　　타동사　목적어　부사어

[수혜자격 타동문]　Adik membukakan saya pintu.
　　　　　　　　주어　　수혜자격 동사　목적어　보어

예시에서 타동문의 목적어는 pintu지만, 수혜자격 타동사문에서는 membuka의 행위를 받는 saya가 목적어입니다. 또한 타동사문의 목적어였던 pintu는 수혜자격 타동문에서는 보어가 됩니다. 일반적으로 '수혜(benefaktif)'란 누군가에게 해 준다는 것을 의미합니다. me-kan 접환사와 결합되는 어근은 주로 타동사입니다.

1. me-kan 접환사에 의한 수혜자격 타동사의 결합 규칙

먼저 me- 접두사와 결합한 뒤 -kan 접미사와 결합합니다.

buka	→	membuka	열다	→	membukakan	열어 주다
beli	→	membeli	사다	→	membelikan	사 주다
cuci	→	mencuci	씻다	→	mencucikan	씻어 주다
cari	→	mencari	찾다	→	mencarikan	찾아 주다

2. 수혜자격 타동사문의 해석

해석을 보면 수혜자격 타동사문은 상대의 일반 타동사문과 뜻이 거의 비슷합니다.

타동사문	수혜자격 타동사문
Adik membuka pintu untuk saya. 동생은 나를 위해 문을 열었다.	Adik membukakan saya pintu. 동생은 내게 문을 열어 줬다.
Sepupu saya membeli tas baru untuk saya. 내 사촌은 나를 위해 새 가방을 샀다.	Sepupu saya membelikan saya tas baru. 내 사촌은 내게 가방을 사 줬다.
Kakak mencuci sebuah apel untuk ayah. 언니는 아버지를 위해 사과를 씻었다.	Kakak mencucikan ayah sebuah apel. 언니는 아버지에게 사과를 씻어 줬다.
Saya mencari baju baru untuk teman saya. 나는 친구를 위해 새 옷을 찾았다.	Saya mencarikan teman saya baju baru. 나는 친구에게 옷을 찾아 줬다.

수혜자격 타동사문의 보어와 목적어의 관계가 소유 관계인 경우 목적어와 보어가 하나의 소유관계 명사, 즉 새로운 목적어가 됩니다.

Kakak mencucikan ayah mobilnya.　　　　　　　(X)

Kakak mencucikan mobil ayah.　　　　　　　　형은 아버지의 차를 씻어 줬다.

Saya mencarikan teman saya bajunya.　　　　　(X)

Saya mencarikan baju teman saya.　　　　　　나는 친구의 옷을 찾아 줬다.

일반 타동사문에는 행위의 수혜자 표시 전치사 untuk이 등장한 반면에 수혜자격 타동사문에서는 수혜자가 동사 바로 뒤에 오고 전치사 untuk이 빠집니다. 그러므로 수혜자격 타동사문에 전치사 untuk이 등장하면 비문이라고 볼 수 있습니다.

Kakak mencucikan sebuah apel <u>untuk</u> ayah.　　(X)

Teman saya mencarikan baju baru <u>untuk</u> saya.　(X)

3. 수혜자격 타동문을 피동문으로 바꾸기

수혜자격 타동사문은 다른 타동사문과 마찬가지로 피동문으로 바꿀 수 있습니다. 피동문으로 바꿀 때 피동문의 주어로 올 수 있는 것은 보어가 아닌 목적어입니다. 7과에서 배운 내용처럼 피동문 주어 자리에 오는 것은 동사가 나타내는 행위의 피행위자이고, 수혜자격 타동사문의 피행위자는 바로 수혜자인 목적어입니다.

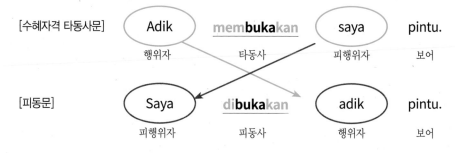

수혜자격 타동사문	피동문
Adik membukakan saya pintu. 동생은 내게 문을 열어 줬다.	Saya dibukakan adik pintu. 나에게 동생이 문을 열어 줬다.
Sepupu saya membelikan saya tas baru. 내 사촌은 내게 새 가방을 사 줬다.	Saya dibelikan sepupu saya tas baru. 나에게 내 사촌이 새 가방을 사 줬다.
Kakak mencucikan ayah sebuah apel. 언니는 아버지에게 사과를 씻어 줬다.	Ayah dicucikan kakak sebuah apel. 아버지에게 언니가 사과를 씻어 줬다.
Saya mencarikan teman saya baju baru. 나는 친구에게 새 옷을 찾아 줬다.	Teman saya saya carikan baju baru. 친구에게 내가 새 옷을 찾아 줬다.

수혜자격 타동사문의 보어를 주어의 자리로 옮겨 주제로 만들 경우 수혜자격 타동사문으로부터 피동화시킬 수 없습니다. 이때 일반 타동사문으로부터 피동화시켜야 합니다. 왜냐하면 일반 타동사문에서 보어가 목적어의 자리에 있기 때문입니다.

타동사문	피동문
Adik membuka pintu untuk saya. 동생은 나를 위해 문을 열었다.	Pintu dibuka adik untuk saya. 문은 동생이 나를 위해 열어 줬다.
Sepupu saya membeli tas baru untuk saya. 내 사촌은 나를 위해 새 가방을 샀다.	Tas baru dibeli sepupu saya untuk saya. 새 가방은 우리 사촌이 나를 위해 사 줬다.
Kakak mencuci sebuah apel untuk ayah. 언니는 아버지를 위해 사과를 씻었다.	Sebuah apel dicuci kakak untuk ayah. 사과는 언니가 아버지에게 씻어 줬다.
Saya mencari baju baru untuk teman saya. 나는 친구를 위해 새 옷을 찾았다.	Baju baru saya cari untuk teman saya. 새 옷은 내가 친구를 위해 찾아 줬다.

- 동사가 me- 접사나 me-kan과 결합할 때 둘 다 타동사가 되고 뜻이 아예 다르거나 같거나 오히려 반대가 되는 예외 동사도 있습니다.

다른 경우

Ibu mendengar suara ayah di luar.
엄마는 밖에서 아빠의 목소리를 들었다.

Ibu mendengarkan radio setiap malam.
엄마는 매일 밤 라디오를 경청한다.

Saya melukis pemandangan di kanvas.
나는 캔버세에 풍경을 그렸다.

Saya melukiskan kejadian itu kepadanya.
나는 그녀에게 그 사건을 묘사한다.

같은 경우

Dia selalu mengantar anaknya ke kampus.
그는 항상 자식을 대학교에 데려다준다.

Dia selalu mengantarkan anaknya ke kampus.
그는 항상 자식을 대학교에 데려다준다.

Ibu mengirim surat kepada kakak saya.
엄마는 형에게 편지를 보냈다.

Ibu mengirimkan surat kepada kakak saya.
엄마는 형에게 편지를 보냈다.

반대인 경우

Amir menyewa mobil dari pak Dani.
아미르는 다니 씨에게 자동차를 대여했다.

Pak Dani menyewakan mobil kepada Amir.
다니 씨는 아미르에게 자동차를 대여해 줬다.

Sinta meminjam uang dari Diana.
신따는 디아나에게서 돈을 빌렸다.

Diana meminjamkan uang kepada Sinta.
디아나는 신따에게 돈을 빌려줬다.

1. 괄호 속 보기 중에서 문장에 알맞은 것을 고르세요.

> 보기　　　　　Saya (membuka / membukakan) pintu untuk adik.

(1) Saya akan (menutup / menutupkan) jendela untukmu kalau kamu kedinginan.

(2) Soni (membeli / membelikan) pacarnya seuntai kalung.

(3) Laki-laki itu (membawa / membawakan) istrinya seikat bunga.

(4) Kakak (memasak / memasakkan) spageti untuk kami semua.

(5) Ayah (membuat / membuatkan) ibu sebuah tas baru dari kulit buaya.

(6) Bapak guru tidak sengaja (membuang / membuangkan) buku saya.

(7) Maaf. Saya tidak (mendengar / mendengarkan) kamu datang.

(8) Kami (mencari / mencarikan) dia seorang asisten rumah tangga.

2. 다음 능동문을 피동문으로 바꿔 쓰세요.

> 보기　　　　　Saya membukakan adik pintu.　→　Adik **saya bukakan** pintu.

(1) Laki-laki itu memasangkan saya sebuah bros.　　_____

(2) Saya meminjamkan uang itu kepada dia.　　_____

(3) Kami tidak mendengarkan omelannya.　　_____

(4) Anak itu membelikan ayahnya sebuah dasi.　　_____

(5) Lidya memasak mi untuk Tina.　　_____

Bukakan Jendela Itu!

Chul Soo	Naomi! Maaf, bisakah kamu bukakan jendela itu sebentar?
Naomi	Maaf, Chul Soo. Saya sedang sibuk.
Chul Soo	Oh, maaf. Ada yang bisa saya bantu?
Naomi	Bolehkah kamu fotokopikan dokumen ini?
Chul Soo	Ya, tentu saja boleh. Ada lagi?
Naomi	Tolong kirimkan surat-surat itu! Ini uangnya….
Chul Soo	Tidak usah. Saya punya kartu kantor.
Naomi	Oh! *Makasih*, ya.
Chul Soo	Beres, bos! Sama-sama.

저 창문 열어 줘!

철수	나오미! 창문을 잠깐 열어 줄 수 있어?
나오미	미안해, 철수야. 난 바빠.
철수	어, 미안. 도와줄 게 있어?
나오미	이 서류를 복사해 줄래?
철수	응, 당연하지. 또 뭐?
나오미	저 편지들 부쳐 줘. 여기 돈….
철수	필요 없어. 난 법인카드가 있어.
나오미	애 고마워.
철수	알겠어. 천만에.

🔊 새 단어

fotokopi 복사

kartu (kredit) kantor 회사 법인카드

- **Bisakah(=Bolehkah)** kamu bukakan jendela itu?   저 창문을 열어 줄 수 있어요?

  Ya, tentu saja.   네, 당연하죠.

  Ya, bisa.   네, 할 수 있죠.

  Maaf, jendela itu tidak boleh dibuka.   죄송해요, 저 창문 열면 안 돼요.

- **Ada yang bisa saya bantu?**   도와줄 것이 있나요?

  Bisakah kamu fotokopikan dokumen ini?   이 서류를 복사해 줄 수 있어요?

  Maaf, saya tidak perlu bantuanmu.   미안해요. 도움이 필요 없어요.

  Tidak ada. Terima kasih.   없어요. 감사합니다.

Tip | 동사 perlu / butuh / usah

★ perlu

perlu는 뭔가가 필요할 때 사용하는 동사입니다. 또한 다른 동사 앞에 위치하며 조동사의 역할을 해서 '~ 해야 한다'의 뜻을 나타내기도 합니다.

Saya masih **perlu** bantuanmu.	난 아직 네 도움이 필요하다.
Kami **perlu** selembar kertas dan sebuah pensil.	우리는 종이 1장과 연필 1개가 필요하다.
Ibu **perlu** sekilo daging sapi.	엄마는 소고기 1킬로그램이 필요하다.
Saya masih **perlu** membeli daging ayam.	난 아직도 닭고기를 사야 한다.
Kami **perlu** menulis surat untuk guru kami.	우리는 우리 선생님을 위해 편지를 써야 한다.
Ibu **perlu** memasakkan ayah bubur karena ayah sakit.	아빠가 아프기 때문에 엄마는 아빠를 위해 죽을 쒀야 한다.

★ butuh

주로 명사와 같이 붙입니다.

Saya masih **butuh** bantuanmu.	난 아직 네 도움이 필요하다.
Kami **butuh** selembar kertas dan sebuah pensil.	우리는 종이 1장과 연필 1개가 필요하다.
Ibu **butuh** sekilo daging sapi.	엄마는 소고기 1킬로그램이 필요하다.

★ usah

주로 동사와 함께 쓰고 tidak usah 형태로 많이 씁니다.

Saya **tidak usah** membeli daging ayam.	난 닭고기를 안 사도 된다.
Kami **tidak usah** menulis surat untuk guru kami.	우리는 선생님을 위해 편지를 쓰지 않아도 된다.
Ibu **tidak usah** memasak hari ini.	엄마는 오늘 요리를 안 해도 된다.

1. 다음 대화를 듣고 빈칸을 채워 보세요.

Naomi   Chul Soo. Terima kasih, ya tadi.

Chul Soo   Ah, enggak _____ berterima kasih.

Naomi   Bilang saja kalau kamu _____ sesuatu, ya.

              Saya akan membantu dengan senang hati.

Chul Soo   Boleh saya minta _____ sekarang?

Naomi   Silakan. Apa saja.

Chul Soo   Bolehkah saya _____ mobilmu hari Sabtu ini?

Naomi   Oh, silakan. Kebetulan saya lagi enggak perlu.

Chul Soo   Makasih, ya. Akan saya _____ hari Senin.

2. 앞의 대화를 다시 듣고 다음 질문에 답하세요.

(1) 철수는 어떤 부탁을 했나요?

_____

(2) 나오미는 응해 줬나요?

_____

Museum Gajah

Museum Gajah adalah sebuah museum yang terletak di Jakarta Pusat. Museum ini merupakan museum pertama dan terbesar di Asia Tenggara. Nama resmi museum ini adalah Museum Nasional Indonesia, tetapi lebih dikenal sebagai Museum Gajah karena adanya monumen gajah perunggu di halaman depan museum tersebut. Gajah berbahan perunggu di halaman depan Museum Gajah itu dihadiahkan oleh raja Chulalongkorn pada tahun 1871.

Museum Gajah didirikan pertama kali pada tahun 1778 sebagai *Museum Royal Batavian Society of Arts and Sciences*. Gedung Museum Gajah mendapat pengaruh gaya gedung-gedung di Eropa yang dibangun pada sekitar abad 18. Gedung Museum Gajah yang sekarang dibangun pada tahun 1862 oleh pemerintah Hindia Belanda. Gedung baru ditambahkan di sebelah utara gedung yang lama pada tahun 1996. Gedung ini disebut Gedung Arca.

Museum Gajah mengoleksi banyak benda-benda peninggalan kuno dari seluruh Indonesia, seperti arca, prasasti, barang kerajinan tangan, dan banyak barang kuno lainnya. Koleksi benda-benda peninggalan tersebut berasal pula dari berbagai zaman. Koleksi tersebut saat ini mencapai lebih dari 140.000 buah sehingga dapat disebut sebagai museum terlengkap di Indonesia.

 monumen 기념비 pengaruh 영향 benda peninggalan 유물

1. 앞의 읽기 내용을 참고해서 다음 문장이 맞으면 B, 틀리면 S에 ○ 표시하세요.

(1) Museum Gajah adalah museum pertama di dunia.　　　　　B　　S

(2) Gajah di halaman museum itu terbuat dari perunggu.　　　B　　S

(3) Museum Gajah pertama kali didirikan tahun 1862.　　　　B　　S

(4) Gedung Arca ada di sebelah utara gedung utama.　　　　B　　S

(5) Museum Gajah adalah museum terlengkap di Indonesia.　　B　　S

2. 다음 질문에 답하세요.

(1) Museum Gajah terletak di mana?

_____

(2) Kenapa museum itu disebut Museum Gajah?

_____

(3) Apa nama resmi Museum Gajah?

_____

(4) Apa saja koleksi Museum Gajah?

_____

(5) Kenapa Museum Gajah dapat disebut sebagai museum terlengkap di Indonesia?

_____

주제화 접미사 -nya

앞에서 인도네시아어의 문어체와 구어체는 많이 다르다고 했습니다. 구어체의 대표적인 특징으로 ⓐ문어체는 능동문을 많이 사용하지만 구어체는 피동문을 더 많이 씁니다. ⓑ접사가 문어체와 조금 다릅니다. ⓒ비표준어인 지방어나 차용어를 많이 사용합니다. ⓓ무엇보다도 문어체의 문법과 구어체 문법은 많이 다르다는 점입니다.

구어체에서는 문장의 주제를 주어든 서술어든 상관없이 -nya 접미사로 주제화시킬 수 있습니다. -nya 주제화 접미사와 결합된 어근은 위치가 바뀌기 때문에 기본 어순인 '주어–서술어–목적어–부사어' 형식이 깨지고 위치가 바뀝니다.

A : 이름이 뭐예요?	문장체	A : Siapa nama Anda?
B : 제 이름은 철수입니다.		B : Nama saya Chul Soo.
	구어체	A : Nama**nya** siapa?
		B : Nama saya Chul Soo.

A : 어디서 왔어요?	문장체	A : Anda berasal dari mana?
B : 전 한국에서 왔어요.		B : Saya berasal dari Korea.
	구어체	A : Anda asal**nya** dari mana?
		B : Saya asalnya dari Korea.

A : 어디에 살아요?	문장체	A : Anda tinggal di mana?
B : 데폭에 살아요.		B : Saya tinggal di Depok.
	구어체	A : Anda tinggal**nya** di mana?
		B : Saya tinggalnya di Depok.

A : 어디서 일해요?	문장체	A : Anda bekerja di mana?
B : 난 리아주식회사에서 일해요.		B : Saya bekerja di PT Ria.
	구어체	A : Anda kerja**nya** di mana?
		B : Saya kerjanya di PT Ria.

A : 나이가 어떻게 되세요?	문장체	A : Berapa umur Anda?
B : 난 32살이에요.		B : Umur saya 32 tahun.
	구어체	A : Anda umur**nya** berapa?
		B : Saya umurnya 32 tahun.

Saya Sangat Mengagumi Enid Blyton

난 에니드 블라이튼을 정말 좋아합니다

학습내용: Isi Pelajaran

- me-i 접환사
- me-i 접환사에 의한 타동사문의 구성
- 표현 : 사과하기
- 전치사 atas
- 구어체 (4) – -in 구어체 접미사 동사

Ibu Siti sedang memarahi anak kecil itu.

Budi mengetuai kelompok karate di kampus.

Sophie tidak menggulai tehnya.

Koki itu sedang menyisiki ikan.

Pak Rahmat sangat menyayangi Ibu Siti.

Mongryong sangat mencintai Chunhyang.

Tina menghampiri Chul Soo yang sedang duduk di taman.

Luigi merobeki surat-surat cintanya.

me-i 접환사 – 타동사문

me-kan 접환사 다음으로 가장 많이 사용되는 접사는 me-i 접환사입니다. me-i 접환사의 결합 규칙은 me-kan 접환사와 마찬가지여서, ⓐme-i와 한 번에 결합되는 경우, ⓑme- 접두사와 결합한 뒤 다시 -i 접미사와 결합되는 경우가 있습니다. 우선 me-i 접환사는 어근과 동시 결합될 경우 주로 어근이 형용사, 명사, 동사 그리고 조동사로 쓰이는 부사입니다. 이러한 me-i 접환사에 의한 타동사는 뜻이 너무 다양하기 때문에 학습자들은 동사 각자의 뜻과 용도를 충분히 숙지하는 것이 중요합니다.

1. 형용사와 결합할 경우

형용사와 결합할 경우 목적어에 대하여 어떠한 행동을 취한다는 뜻을 나타냅니다. 상대의 형용사문에는 전치사가 들어가지만 me-i 접환사에 의한 타동사문에는 전치사가 없습니다.

me-i + 형용사		~에게(~에) 대하여 ~하다	
sayang → menyayangi	사랑하다, 동정하다 사랑하다	Rosa sayang kepada adiknya. 로사는 동생을 사랑한다. → Rosa menyayangi adiknya. 로사는 동생을 사랑한다.	(형용사문) (타동사문)
marah → memarahi	화나다 화를 내다	Ayah marah kepada muridnya. 아빠는 제자에게 화났다. → Ayah memarahi muridnya. 아빠는 제자에게 화를 냈다.	(형용사문) (타동사문)
percaya → memercayai	믿다, 신뢰하다 믿다, 신뢰하다	Dia tidak percaya kepada suaminya. 그녀는 남편을 안 믿는다. → Dia tidak memercayai suaminya. 그녀는 남편을 안 믿는다.	(형용사문) (타동사문)

2. 명사와 결합할 경우

me-i 접환사는 명사와 결합할 경우 '~을 넣다/놓다, ~으로 하다, ~을 제거하다'의 뜻을 나타냅니다.

me-i + 명사		~에게(~에) ~을 넣다(놓다)
garam → menggarami	소금 소금을 넣다	Ibu memberi garam pada sop itu. 엄마는 저 국에 소금을 넣었다. → Ibu menggarami sop itu. 엄마는 저 국에 소금을 넣었다.

		Kami memberi nama pada anjing itu.
nama	이름	우리는 그 개에게 이름을 지어 줬다.
→ menamai	이름을 지어 주다	→ Kami menamai anjing itu.
		우리는 그 개에게 이름을 지어 줬다.

me-i + 명사		~로서 ~하다
		Saya bertindak sebagai kepala klub itu.
kepala	우두머리	난 그 동호회의 대표로 있다.
→ mengepalai	이끌다	→ Saya mengepalai klub itu.
		난 그 동호회를 이끈다.
		Dia bertindak sebagai teman saya ke situ.
teman	친구	그는 내 친구로서 거기로 갔다.
→ menemani	동행하다, 동반하다	→ Dia menemani saya ke situ.
		그는 나와 거기로 동행했다.

me-i + 명사		~을 제거하다
		Kamu menghilangkan sisik ikan itu.
sisik	비늘	너는 그 생선의 비늘을 벗겼다.
→ menyisiki	비늘을 벗기다	→ Kamu menyisiki ikan itu.
		너는 그 생선의 비늘을 벗겼다.
		Paman menghilangkan kulit sapi kami.
kulit	껍질	삼촌은 우리 소의 가죽을 벗겼다.
→ menguliti	껍질을 벗기다	→ Paman menguliti sapi kami.
		삼촌은 우리 소의 가죽을 벗겼다.

3. 동사와 결합한 경우

어근이 동사인 경우 목적어에 대하여 어떠한 행동을 취한다는 뜻을 나타냅니다. 또한 me-i 접환사는 조동사인 부사와 결합할 수도 있지만 그런 경우는 아주 드뭅니다.

me-i + 동사		~에게(~에) 대하여 ~하다
		Kami tidak hadir di rapat itu.
hadir	참석하다	우리는 그 회의에 참석하지 않았다.
→ menghadiri	참석하다	→ Kami tidak menghadiri rapat itu.
		우리는 그 회의에 참석하지 않았다.

		Romeo cinta kepada Juliet.
cinta	사랑하다	로미오는 줄리엣을 사랑한다.
→ mencintai	사랑하다	→ Romeo mencintai Juliet.
		로미오는 줄리엣을 사랑한다.

me-i + 조동사

		Irwan menyudahi hubungannya dengan Rima.
sudah	이미, 벌써	이르완은 리마와의 관계를 끝냈다.
→ menyudahi	끝내다	
hampir	거의	Santi menghampiri Dinda yang sedang bersedih.
→ menghampiri	다가가다	산띠는 슬퍼하고 있는 딘다에게 다가갔다.

4. 'me- 접두사 + 타동사'를 한 뒤에 -i 접미사를 붙이는 경우

me-i 접환사는 어근과 동시 결합되지 않고 1과에서 배웠던 me- 접두사에 의한 타동사를 구성한 뒤에 -i 접미사를 덧붙이면 그 행위를 여러 번 또는 마구 한다는 뜻을 나타냅니다. '여러 번', '마구', '계속해서', '반복하여' 등과 같은 부사어는 me-i 접환사에 의한 타동사문에서 생략될 수 있습니다. 또한 어떠한 경우에 me-i 접환사에 의한 타동사는 복수형으로 되는 me- 접두사 동사와 같은 뜻을 가집니다.

Martono **memukul** pencuri itu bertubi-tubi.

→ Martono **memukuli** pencuri itu.   마르토노는 그 도둑을 마구 때렸다.

Rahmat berkali-kali **mencabut** rumput di luar.

→ Rahmat **mencabuti** rumput di luar.   라흐맛은 밖에 있는 잔디를 여러 번 뽑았다.

Tina terus **menimpuk** anjing galak itu.

→ Tina **menimpuki** anjing galak itu.   띠나는 그 사나운 개를 계속 돌로 던졌다.

Budi menginjak-injak pakaian kotornya.

→ Budi **menginjaki** pakaian kotornya.   부디는 자기의 더러운 옷을 반복해서 밟았다.

1. 다음 문장을 me-i 접환사에 의한 타동사문으로 바꾸세요.

> 보기
>
> Saya memukul dia berkali-kali.
>
> → Saya **memukuli** dia.

(1) Budi memberi gula pada tehnya.　＿＿＿＿＿＿＿＿＿＿

(2) Kami tidak suka kepada laki-laki itu.　＿＿＿＿＿＿＿＿＿＿

(3) Ita sedang mengelus-elus kepala kucingnya.　＿＿＿＿＿＿＿＿＿＿

(4) Anak itu suka berbohong kepada orang tuanya.　＿＿＿＿＿＿＿＿＿＿

(5) Kita akan berkunjung ke Yogyakarta tahun ini.　＿＿＿＿＿＿＿＿＿＿

2. 다음 중에서 알맞은 답을 골라 문장을 완성하세요.

menasihati	memercayai	memusuhi	mencintai
menyayangi	menyisiki	~~mendatangi~~	memukuli

> 보기
>
> Kami <u>mendatangi</u> dosen itu di ruang kelas.

(1) Andi ＿＿＿＿＿ Indra karena Indra menghilangkan uang Andi.

(2) Orang tua kami sangat ＿＿＿＿＿ kami.

(3) Saya ＿＿＿＿＿ adik saya untuk tidak pulang kemalaman.

(4) Chul Soo ＿＿＿＿＿ meja karena dia sedang marah.

(5) Ibu sedang ＿＿＿＿＿ ikan sebelum memasaknya di dapur.

(6) Siti dan Rahmat saling ＿＿＿＿＿.

(7) Ayah tidak ＿＿＿＿＿ adik karena adik suka berbohong.

Maafkan Saya

Martono	Halo, Lidya! Kamu di mana?
	Maafkan, saya terlambat.
Lidya	Tidak apa-apa. Saya tunggu di lantai 2
	sambil melihati orang yang lalu-lalang.

(tidak lama kemudian)

Martono	Mohon maaf atas keterlambatan saya.
Lidya	Ya, tidak apa-apa. Kamu dari mana?
Martono	Saya tadi menghadiri pembukaan
	pekan buku nasional.
Lidya	Lain kali saya diajak, dong.
Martono	Oh, kamu suka membaca?
	Kita pergi hari Minggu ini, ya?
Lidya	Boleh! Boleh!

날 용서해 줘.

마르토노	여보세요! 리디아! 어디야?
	미안한데, 난 늦을 거야.
리디아	괜찮아. 2층에서 지나가는
	사람들 보면서 기다릴게.

(잠시 후)

마르토노	지각해서 미안해.
리디아	괜찮아. 어디 갔다 온 거야?
마르토노	국내 도서전의 주 개막식에
	참석하고 왔어.
리디아	다음에 나도 데려가 줘.
마르토노	어, 책 읽는 것 좋아해?
	이번 주 일요일에 가자. 응?
리디아	그래! 그래!

🔊 **새 단어**

keterlambatan 지각

pembukaan 개막식

pekan 시장, 주

- **Maaf**, saya terlambat.   늦어서 죄송해요.

  Maafkan saya karena saya terlambat.   늦어서 용서해 주세요.

  Mohon maaf atas keterlambatan saya.   지각해서 사과 드릴게요.

   Tidak apa-apa.   괜찮아요.

   Lain kali jangan terlambat lagi, ya?   다음에 또 늦지 말아요. 알았죠?

   Kamu sudah saya maafkan.   벌써 용서했어요.

   Jangan diulangi, ya!   다시 그러지 마세요!

Tip | 전치사 atas

– 전치사 atas는 di, ke, dari, dengan 등에 비해 많이 쓰이지는 않습니다. 기본적으로 '~와 관련하여', '~에 따라서. ~로, ~로서'의 뜻이 있고, 감사하거나 사과할 때 많이 사용합니다. atas는 전치사이기 때문에 명사가 뒤에 붙습니다.

  ┌ Terima kasih atas bantuanmu.   너의 도움에 고마워.

  ├ Kami berterima kasih atas kebaikan Bapak.   선생님의 친절함에 감사합니다.

  └ Atas perhatiannya, saya ucapkan banyak terima kasih.   관심을 가져 주셔서 감사의 말씀을 전해 드립니다.

  ┌ Maaf atas kelalaian saya.   나의 부주의함 때문에 미안하다.

  ├ Mohon maaf atas keterlambatan saya.   늦어서 죄송합니다.

  └ Atas kesalahan saya ini, saya mohon maaf.   제 잘못 때문에 사과를 드립니다.

– 전치사 atas는 또한 동사 terdiri와 함께 써서 구성원을 나열할 때 많이 씁니다.

  Keluarga saya terdiri atas ayah, ibu, kakak, dan saya.   우리 가족은 아빠, 엄마, 언니 그리고 나로 구성되었다.

  Indonesia terdiri atas 34 provinsi.   인도네시아는 34개 주로 구성되었다.

  Rumah saya terdiri atas kamar tidur dan dapur saja.   우리 집은 단지 침실과 부엌으로 구성되었다.

1. 다음 대화를 듣고 빈칸을 채워 보세요.

Lidya	Maafkan saya, Martono. Saya tadi _____ dan ketinggalan bus.
Martono	Tidak apa-apa. Kita jadi satu _____.
Lidya	Ayo kita masuk ke dalam.
	Saya sudah tidak _____.
Martono	Siapa _____ yang kamu kagumi?
Lidya	Saya sangat mengagumi Enid Blyton dan Lima Sekawannya.
Martono	Siapa itu?
Lidya	Masa kamu tidak tahu? Pasukan Mau Tahu?
Martono	Maaf, ya. Saya _____ tidak tahu.

2. 앞의 대화를 다시 듣고 다음 질문에 답하세요.

(1) 리디아는 왜 늦었습니까?

_____

(2) 리디아와 마르토노는 같은 작가를 좋아하나요?

_____

Sebuah Pesta Perpisahan

Selamat datang di pesta ini! Saya akan memperkenalkan Anda kepada semua yang hadir di sini. Saya adalah Chul Soo, tuan rumah pesta ini dan saya berasal dari Korea Selatan.

Yang sedang berdansa dan sudah agak berumur itu adalah ibu Siti dan pak Rahmat. Ibu Siti adalah guru bahasa Indonesia saya dan pak Rahmat adalah suaminya. Mereka selalu tampak harmonis dan saling menyayangi. Kadang-kadang mereka juga suka bertengkar.

Yang sedang mengobrol berempat sambil tertawa adalah Tina, Lidya, Budi, dan Martono. Tina dan Lidya adalah sahabat sejak kecil sama seperti Budi dan Martono. Martono sangat menyukai dan menyayangi Lidya, tetapi saya tidak tahu apakah mereka sudah jadian atau belum.

Yang berambut pirang dan sedang mengobrol dengan wanita berambut hitam itu adalah Sophie dan wanita yang sedang mengobrol dengannya itu adalah Naomi, teman sekantor saya. Sophie berasal dari Prancis dan dia belajar bahasa Indonesia bersama saya di Universitas Jakarta. Yang sedang duduk bersedih di sudut ruangan adalah Luigi. Luigi adalah teman Sophie dari Italia. Tampaknya Sophie tidak begitu menyukai Luigi sehingga Sophie ingin menyudahi hubungan mereka.

Sebenarnya ini adalah sebuah pesta perpisahan untuk salah satu dari kami. Teman kami yang mengenakan celana kotak-kotak, berambut keriting, serta berbadan gemuk itu akan melanjutkan sekolah ke negeri Paman Sam. Anda tahu siapa dia?

 harmonis 화목하다 **jadian** 애인을 사귀다 **perpisahan** 이별, 헤어짐

1. 앞의 읽기 내용을 참고해서 다음 문장이 맞으면 B, 틀리면 S에 ○ 표시하세요.

(1) Mereka ada di sebuah pesta.   B   S

(2) Ibu Siti dan Pak Rahmat sedang bertengkar.   B   S

(3) Martono dan Lidya sudah jadian.   B   S

(4) Luigi sedang bersedih.   B   S

(5) Pesta itu adalah pesta perpisahan.   B   S

2. 다음 질문에 답하세요.

(1) Siapa saja yang menghadiri pesta itu?

_____

(2) Apa yang sedang dilakukan oleh Ibu Siti dan Pak Rahamat?

_____

(3) Apa yang sedang dilakukan oleh Tina, Lidya, Budi, dan Martono?

_____

(4) Kenapa Luigi bersedih?

_____

(5) Siapa yang akan melanjutkan sekolah ke negeri Paman Sam?

_____

구어체 (4) – -in 구어체 접미사 동사

14과와 15과에서 me-kan 접환사에 대해서 배웠습니다. me- 접두사는 12과에서 설명했듯이 구어체에서 빠지거나 nge-로 바뀝니다. -kan 전치사의 구어체 접미사 형태는 -in 구어체 접미사입니다. -in 구어체 접미사는 -kan 접미사뿐만 아니라 수혜자격 -i 접미사 대신 사용합니다. 예문을 통해 -in 구어체 접미사의 사용을 배워 봅시다.

A : Dia **memasuk**kan apa ke dalam tasnya?	그는 자기 가방에 무엇을 넣었어?
B : Dia tidak **memasuk**kan apa-apa.	그는 아무것도 안 넣었어.

A : Dia **masuk**in apa ke dalam tasnya?
B : Dia enggak **masuk**in apa-apa.

A : Amir **menyekolah**kan anaknya ke mana?	아미르는 자기 아들을 어디로 유학 보냈어?
B : Dia **menyekolah**kan anaknya ke Korea.	그는 아들을 한국으로 유학 보냈어.

A : Amir **nyekolah**in anaknya ke mana?
B : Dia **nyekolah**in anaknya ke Korea.

A : Kamu sedang **melaku**kan apa?	너는 뭐 하고 있어?
B : Saya sedang **mencuci**kan kamu apel ini.	너한테 주려고 이 사과를 씻고 있어.

A : Kamu lagi **ngapa**in?
B : Saya lagi **nyuci**in kamu apel ini.

A : Dia selalu **mengantar**kan anaknya?	그녀는 항상 아이를 데려다줘?
B : Ya, dia selalu **mengantar**kan anaknya.	응, 그는 항상 아이를 데려다줘.

A : Dia selalu **nganter**in anaknya?
B : Ya, dia selalu **nganter**in anaknya.

A : Kamu mau **menemani** saya ke sana?	너는 나를 거기까지 동행해 줄래?
B : Saya sedang tidak mau **melaku**kan apa-apa.	난 아무것도 하고 싶지 않아.

A : Kamu mau **neman**in saya ke sana?
B : Saya lagi enggak pengin **ngapa-ngapa**in.

A : Kalian **menama**i anjing itu apa?	너희는 그 강아지를 이름을 뭐라고 지었어?
B : Kami **menama**inya Bleki.	우리는 블레키라고 이름을 지었어.

A : Kalian **ngenama**in anjing itu apa?
B : Kami **ngenama**innya Bleki.

부록

(3) perpustakaan keluarga

(4) kapan dan di mana saja

(5) seminggu sekali / sekali dalam seminggu

Pelajaran 1

A. 연습문제

1. 다음 어근을 me- 접두사와 결합시켜 올바른 동사형을 만들어 보세요.

ambil	mengambil	masak	memasak
bawa	membawa	angkat	mengangkat
cek	mengecek	pukul	memukul
karang	mengarang	sapu	menyapu
lap	mengelap	tulis	menulis

2. 괄호 속 동사를 me- 접두사 형태로 바꿔 문장을 완성하세요.

(1) mengajar   (2) mencuci

(3) membuat   (4) mengepel

(5) menulis   (6) mengelap

(7) membeli   (8) membuka

(9) menutup   (10) membuang

B. 연습문제

1. 다음 대화를 듣고 빈칸을 채워 보세요. (CD 02)

(bunyi bel)

Chul Soo: Malam, Sophie.

Sophie: Ayo masuk! Mau minum apa?
Panas? Dingin?

Chul Soo: Saya sedang batuk. Teh panas saja.

Sophie: Kebetulan saya juga sedang membuat teh. Mau pakai gula?

Chul Soo: Boleh!

(bunyi bel)

Tina: Halo, Sophie! Malam!
Lho, ada Chul Soo? Kalian lagi apa?

Chul Soo: Ah, Tina! Malam. Hmm... .

Sophie: Kita sedang... .

2. 앞의 대화를 다시 듣고 다음 질문에 답하세요.

(1) 차 / 홍차   (2) 띠나

C. 연습문제

1. 앞의 읽기 내용을 참고해서 다음 문장이 맞으면 B, 틀리면 S에 ○ 표시하세요.

(1) S   (2) B   (3) B   (4) S   (5) B

2. 다음 질문에 답하세요.

(1) di sebuah apartemen di bilangan Menteng, Jakarta

(2) menyapu serta mengepel kamar, mencuci serta menjemur baju, memasak, menyeterika, dan merawat tanaman

Pelajaran 2

A. 연습문제

1. 다음 어근을 ber- 접두사와 결합하여 올바른 동사형을 만들어 보세요.

doa	berdoa	dandan	berdandan
bicara	berbicara	sekolah	bersekolah
tengkar	bertengkar	duka	berduka
temu	bertemu	jalan	berjalan
gembira	bergembira	tamu	bertamu

2. 괄호 속 동사를 ber- 접두사 형태로 바꿔 문장을 완성하세요.

(1) berbahasa   (2) bernyanyi

(3) belajar   (4) bercukur

(5) berbicara   (6) bergerak

(7) bersedih, bertengkar

(8) bercanda

(9) berolahraga

(10) berjalan

B. 연습문제

1. 다음 대화를 듣고 빈칸을 채워 보세요. (CD 05)

Martono: He, Tina!

Tina: Eh, Martono. Bagaimana? Sudah siap?

Martono: Saya rasa saya sudah siap.

Tina: Iya, saya juga, tetapi saya sedang mengantuk. Saya belum tidur.

Martono: Kasihan. Kamu sudah minum kopi?

Tina: Belum, saya belum makan apa pun.

Martono: Aduh! Kamu mau kopi atau roti?

Tina: Boleh. Segelas americano dan sepotong bagel.

Martono: Baiklah. Tunggu, ya.

Tina: Terima kasih, Martono.

2. 앞의 대화를 다시 듣고 다음 질문에 답하세요.

(1) 시험장에서 한국어능력시험(TOPIK)을 보려고.

(2) 커피 또는 빵.

C. 연습문제

1. 앞의 읽기 내용을 참고해서 다음 문장이 맞으면 B, 틀리면 S에 ○ 표시하세요.

(1) S   (2) B   (3) B   (4) S   (5) S

2. 다음 질문에 답하세요.

(1) di agen perjalanan

(2) 400 ribu rupiah

(3) sebuah koper kecil, sebuah ransel, 2 pasang sepatu olahraga, sepasang sandal, dan pakaian berenang

(4) Tanah Lot, Tapak Siring, Kuta, dan Seminyak

(5) oleh-oleh khas Bali, seperti brem Bali, salak Bali, dan kain bali

Pelajaran 3

A. 연습문제

1. 다음 어근을 ber- 접두사와 결합하여 올바른 동사형을 만들어 보세요.

kulit	berkulit	topi	bertopi
sepatu	bersepatu	telur	bertelur
bau	berbau	jaket	berjaket
usia	berusia	bunga	berbunga
sepuluh	bersepuluh	darah	berdarah

2. 다음 문장의 밑줄 친 동사를 memiliki, memakai 등의 동사를 이용하여 바꾸어 쓰세요.

(1) Kakak tidak memakai mobil hari ini karena mobinya rusak.

(2) Kakak laki-laki saya memiliki 2 orang anak.

(3) Kami berempat memiliki umur 25 tahun dan memakai kacamata.

(4) Tanaman-tanaman di kebun sudah menghasilkan bunga semua.

(5) Ayah memakai kemeja cokelat tuda dan ibu memakai blus merah muda ke pesta.

B. 연습문제

1. 다음 대화를 듣고 빈칸을 채워 보세요. (CD 08)

Naomi: Chul Soo! Apa yang kamu lakukan akhirnya kemarin?

Chul Soo: Oh! Saya akhirnya bersepeda di sekitar rumah dan berolahraga di taman.

Naomi: Kamu tidak capai lagi sekarang?

Chul Soo: Tidak. Kamu punya waktu hari Jumat ini?

Naomi: Ya. Kenapa?

Chul Soo: Kamu mau menonton film di bioskop dengan saya?

Naomi: Setelah pulang kantor? Boleh saja.

Chul Soo: Saya akan menunggu kamu hari Jumat di lobi jam 5 sore, ya?

Naomi: Baiklah. Sampai hari Jumat nanti.

Chul Soo: Ya. Selamat bekerja, Naomi.

2. 앞의 대화를 다시 듣고 다음 질문에 답하세요.

(1) 집 근처에서 자전거를 타고 공원에서 운동을 했습니다.

(2) 5시

C. 연습문제

1. 앞의 읽기 내용을 참고해서 다음 문장이 맞으면 B, 틀리면 S에 ○ 표시하세요.

(1) S　　(2) B　　(3) S　　(4) B　　(5) B

2. 다음 질문에 답하세요.

(1) di bawah 6 tahun

(2) di Sekolah Menengah Pertama (SMP)

(3) putih merah

(4) tidak, kecuali akademi pariwisata, akademi kepolisian, dan lain sebagainya

(5) program vokasi, sarjana, magister, dan doktor

Pelajaran 4

A. 연습문제

1. 사전을 사용하여 다음 어근 동사가 자동사인지 타동사인지 쓰세요.

selesai	자동사	sayang	자동사
ingin	타동사	kenal	타동사
mati	자동사	lahir	자동사
mogok	자동사	mulai	자동사
punya	타동사	habis	자동사

2. 앞의 문제에서 주어진 동사를 이용해서 다음 문장을 완성하세요.

(1) habis　　　　(2) punya

(3) selesai　　　(4) mulai

(5) sayang　　　(6) mogok

(7) kenal　　　　(8) ingin

(9) lahir　　　　(10) mati

B. 연습문제

1. 다음 대화를 듣고 빈칸을 채워 보세요. (CD 11)

Rahmat: Dik Chul Soo mau minum apa? Panas? Dingin?

Chul Soo: Air putih saja, Pak. Terima kasih.

(tidak lama kemudian)

Rahmat: Mari. Silakan diminum. Nah, itu ibu sudah kembali.

Chul Soo: Siang, Bu Siti. Dari mana, Bu?

Siti: Eh, Chul Soo. Kamu sudah lama sampai?

Chul Soo: Belum, Bu. Baru 20 menit.

Siti: Kebetulan saya baru <u>membeli</u> mangga. Kamu mau?

Chul Soo: Boleh, bu. Saya suka mangga.

Siti: Sebentar, ya. Saya <u>masuk</u> dulu.

Chul Soo: Mari. Silakan, Bu.

2. 앞의 대화를 다시 듣고 다음 질문에 답하세요.

(1) 20분   (2) 망고

C. 연습문제

1. 앞의 읽기 내용을 참고해서 다음 문장이 맞으면 B, 틀리면 S에 ○ 표시하세요.

(1) S   (2) S   (3) S   (4) B   (5) B

2. 다음 질문에 답하세요.

(1) sudah lama   (2) jam 9

(3) naik bus   (4) setelah mencuci piring

(5) karena dia capai sekali

Pelajaran 5

A. 연습문제

1. 다음 어근을 me- 접두사와 결합하여 올바른 동사형을 만들어 보세요.

tari	menari	merah	memerah
seberang	menyeberang	rumput	merumput
tinggi	meninggi	rujak	merujak
satai	menyatai	gunung	menggunung
jauh	menjauh	kecil	mengecil

2. 앞의 문제 중에서 알맞은 동사를 골라 다음 문장을 완성하세요. (사전 이용 가능)

(1) mengecil   (2) menyatai

(3) meninggi   (4) merumput

(5) menari   (6) menjauh

(7) menggunung   (8) merujak

(9) memerah   (10) menyeberang

B. 연습문제

1. 다음 대화를 듣고 빈칸을 채워 보세요.(CD 14)

Budi: Lama <u>sekali</u> kamu. Dari mana saja?

Martono: Saya baru saja <u>bertemu</u> dengan Sinta.

Budi: Oh, ya? Kamu <u>kenal</u> dengan dia?

Martono: Iya. Kenapa?

Budi: Saya boleh tahu <u>berapa</u> nomor teleponnya?

Martono: Ha ha ha. Jangan, ah!

Budi: Lo, <u>kenapa</u>? Ayo, dong! Berapa nomor teleponnya?

Martono: Hm... Oke, deh! Nih. 0812-941-9138.

Budi: Wah. Terima kasih, ya.

Martono: Sama-sama. <u>Sukses</u>, ya.

Budi: Ha ha ha.

2. 앞의 대화를 다시 듣고 다음 질문에 답하세요.

(1) 신따의 전화번호

(2) 신따를 좋아하는 것 같아서.

C. 연습문제

1. 앞의 읽기 내용을 참고해서 다음 문장이 맞으면 B, 틀리면 S에 ○ 표시하세요.

(1) S   (2) B   (3) B   (4) S   (5) B

2. 다음 질문에 답하세요.

(1) banyak zat kimia dan racun (nikotin), tar, dan gas karbon monoksida

(2) jantung koroner, radang paru-paru, stroke, katarak, radang lambung, tulang keropos, rambut rontok, dan kanker

(3) karena perokok aktif di sekelilingnya

(4) sesak napas, pusing mual, dan tidak dapat berkonsentrasi

(5) teman-teman, keluarga, dan masyarakat

Pelajaran 6

A. 연습문제

1. 제시된 표현과 대명사 yang을 이용하여 문장을 완성하세요.

(1) Yang berkulit sawo matang, berambut lurus, dan pandai menari adalah Amelia.

(2) Yang tidak tinggi, tampan, dan bisa berbahasa Jawa adalah Bangun.

(3) Yang langsing, baik hati, ramah, dan modis adalah Lina.

(4) Yang tomboi, galak, dan gesit adalah Irene.

(5) Yang botak, berjaket jin, dan tidak gemuk adalah Farras.

2. 제시된 어휘와 대명사 yang을 이용하여 문장을 완성하세요.

(1) Billy suka makan yang pedas dan berminyak.

(2) Ridwan menelepon yang ada di Jepang.

(3) Putri membaca keras-keras untuk yang sakit.

(4) Intan mengirim surat untuk yang ada di wajib militer.

(5) Fitri selalu bermain bersama yang dekat dengannya.

B. 연습문제

1. 다음 대화를 듣고 빈칸을 채워 보세요.(CD 17)

Martono: He, Budi!

Budi: Eh, Martono. Makasih ya kemarin.

Martono: Oh! Kamu sudah bertemu dengan Lidya?

Budi: Ya, sudah. Saya tidak sengaja bertemu dengannya di kantin tadi.

Martono: Oh, ya?

Budi: Iya! Dan kamu tahu, enggak?

Martono: Apa?

Budi: Katanya dia suka kamu, lo!

Martono: Ah, masa?

Budi: Ha ha ha!

2. 앞의 대화를 다시 듣고 다음 질문에 답하세요.

(1) 네. 학생식당에서 봤어요.

(2) 부디가 마르토노를 리디아가 좋아한다고 이야기해서.

C. 연습문제

1. 앞의 읽기 내용을 참고해서 다음 문장이 맞으면 B, 틀리면 S에 ○ 표시하세요.

(1) S   (2) S   (3) B   (4) B   (5) B

2. 다음 질문에 답하세요.

(1) Yang tinggi, berkacamata, dan berkemaja hitam garis-garis.

(2) Yang agak gemuk, berambut ikal, berblazer abu-abu, serta berblus putih.

(3) Yang duduk di tengah, tidak berkacamata, berambut putih, serta berkulit sangat hitam.

(4) Yang duduk di sebelah kanan kakek, berkacamata, dan berjas.

(5) Yang duduk di sebelah kiri kakek, berpakaian tenun Flores, dan bersanggul.

Pelajaran 7

A. 연습문제

1. 다음 타동사를 피동사로 바꿔 쓰세요.

mengambil	diambil	mengangkat	diangkat
memukul	dipukul	memeluk	dipeluk
menyapu	disapu	memotong	dipotong
membuat	dibuat	mengepel	dipel
menangkap	ditangkap	merusak	dirusak

2. 제시된 능동문을 피동문으로 바꿔 쓰세요.

(1) Obat batuk sudah diminum oleh adik semalam.

(2) Bunga di taman dirusak oleh anak-anak itu.

(3) Bunga itu dipetik oleh laki-laki itu untuk pacarnya.

(4) Email saya belum dibalas oleh ibu Rina hari ini.

(5) Saya akan ditelepon oleh pak Ismail nanti malam.

(6) Saya dijemput oleh Tommy di Bandara Ngurah Rai, Denpasar kemarin.

(7) Surat itu dirobek dan dibuang oleh Lani ke tong sampah.

(8) Kamu dicari oleh Diana sejak tadi pagi.

B. 연습문제

1. 다음 대화를 듣고 빈칸을 채워 보세요. (CD 20)

Pelayan: Ini mi goreng Aceh, Kak.

Chul Soo: Mas! Dibungkus!

Pelayan: Oh! Maaf. Saya kira dimakan di sini.

Naomi: Tidak apa-apa, Mas. Kami makan di sini saja.

Pelayan: Baik, Mbak.

Naomi: Jangan "mbak", Mas!

Chul Soo: Kamu mau dipanggil apa?

Naomi: "Kak" saja. Saya bukan orang Indonesia, kan?

Pelayan: Baik, Kak. Saya dipanggil "abang" saja. Saya orang Sumatera, lo.

Naomi: Baik, Bang! Es Kelapa satu lagi. Jangan dibungkus!

2. 앞의 대화를 다시 듣고 다음 질문에 답하세요.

(1) 아니요.

(2) 나오미는 'Kak'이라고 불리고 싶어 하고, 종업원은 'abang' 이라고 불리고 싶어 합니다.

C. 연습문제

1. 앞의 읽기 내용을 참고해서 다음 문장이 맞으면 B, 틀리면 S에 ○ 표시하세요.

(1) B   (2) B   (3) S   (4) B   (5) S

2. 다음 질문에 답하세요.

(1) di Magelang, Jawa Tengah

(2) pada tahun 770 Masehi

(3) 504 buah

(4) karena agama Islam masuk ke Indonesia

(5) tempat berziarah dan tempat ibadah

Pelajaran 8

A. 연습문제

1. 다음 능동문을 피동문으로 바꿔 쓰세요.

(1) Obat flu sudah saya minum tadi.

(2) Tangan saya digigitnya. 또는 Tangan saya digigit olehnya.

(3) Komputer saya sudah kalian rusak.

(4) Bunga itu mereka siram setiap pagi.

(5) Buku itu tidak akan kami baca.

(6) Nasi goreng itu akan kita makan nanti malam.

(7) Anda akan kami jemput di Bandara Incheon.

(8) Majalah bekas itu aku robek dan aku bakar.

2. 다음 피동문을 명령문으로 바꿔 쓰세요.

(1) Minum obat itu!

(2) Baca pengumuman itu!

(3) Pakai yang baru itu!

(4) Cubit pipinya!

(5) Buang buku-buku bekas itu!

(6) Tebak jawaban itu!

(7) Angkat barang itu!

(8) Beli yang berwarna merah!

B. 연습문제

1. 다음 대화를 듣고 빈칸을 채워 보세요. (CD 23)

Tina: Lidya! Kamu sudah <u>menonton</u> The Walking Dead episode kemarin?

Lidya: Belum! Failnya <u>belum</u> bisa aku unduh.

Tina: Jangan unduh dulu! Ini! Punya saya bisa kamu pinjam.

Lidya: Wah! Makasih, ya. Nanti akan aku kopi ke komputerku..

Tina: Jangan <u>dihapus</u>, ya!

Lidya: Tenang saja. Failnya tidak akan aku hapus!

Tina: Kamu <u>punya</u> fail Reply 1988? Aku mau, dong!

Lidya: Punya. Nanti aku kopi ke hard disc kamu ini.

Tina: Makasih juga. <u>Jangan</u> lupa, ya!

2. 앞의 대화를 다시 듣고 다음 질문에 답하세요.

(1) 워킹데드 동영상 파일

(2) 외장하드에 '응답하라1988' 파일을 복사해 주기로 했습니다.

C. 연습문제

1. 앞의 읽기 내용을 참고해서 다음 문장이 맞으면 B, 틀리면 S에 ○ 표시하세요.

(1) B   (2) B   (3) S   (4) B   (5) B

2. 다음 질문에 답하세요.

(1) seekor rusa

(2) pada malam bulan purnama

(3) bidadari itu akan kembali ke langit

(4) 3 orang anak

(5) karena sang bidadari selalu menangis setiap bulan purnama muncul

Pelajaran 9

A. 연습문제

1. 관형 접속사 yang을 써서 주어 명사구를 형성하고 복합문을 완성하세요.

(1) Anjing yang besar dan galak itu menggigit kaki saya. 또는 Anjing yang menggigit kaki saya itu besar dan galak.

(2) Laki-laki yang bernama Gonzales tersebut bukan orang Meksiko. 또는 Laki-laki yang bukan orang Meksiko tersebut bernama Gonzales.

(3) Anak-anak yang bermain di lapangan itu sedang bertengkar. 또는 Anak-anak yang sedang bertengkar itu bermain di lapangan.

(4) Korea yang berada di Asia Timur memiliki 4 musim. 또는 Korea yang memiliki 4 musim berada di Asia Timur.

2. 관형 접속사 yang을 써서 부사어 명사구를 형성하고 복합문을 완성하세요.

(1) Saya berjalan-jalan dengan anjing saya yang berwarna hitam.

(2) Lidya mengirim surat untuk ibunya yang berada di Flores.

(3) Andi tidak suka berjalan ke sekolahnya yang sangat jauh dari rumahnya.

(4) Kami belajar di kafe yang sepi dan nyaman itu setiap hari.

B. 연습문제

1. 다음 대화를 듣고 빈칸을 채워 보세요.(CD 26)

Siti: Pak! *Udah* membeli tiket <u>pesawat</u> untuk pulang kampung ke Yogya?

Rahmat: Belum. Kenapa, Bu?

Siti: Ibu mau <u>berangkat</u> pagi saja. Kalau Bapak memesan tiket, tolong <u>dipesan</u> yang berangkat pagi.

Rahmat: Ada yang jam 6 pagi dan ada yang jam 10 pagi. Ibu mau yang mana?

Siti: Kalau jam 6 pagi, terlalu pagi. Akan lebih baik kalau jam 10 pagi *aja*.

Rahmat: Beres, Bu.

Siti: Kalau kita sampai <u>sebelum</u> jam 12 siang, kita makan gudeg kendil, yuk!

Rahmat: Ha ha ha. Ibu memang suka <u>makanan</u> yang manis-manis.

Siti: Ah, bisa *aja* Bapak ini.

2. 앞의 대화를 다시 듣고 다음 질문에 답하세요.

(1) 아침 10시

(2) 구득끈딜을 먹을 겁니다.

C. 연습문제

1. 앞의 읽기 내용을 참고해서 다음 문장이 맞으면 B, 틀리면 S에 ○ 표시하세요.

(1) B   (2) B   (3) S   (4) S   (5) B

2. 다음 질문에 답하세요.

(1) dari Riau

(2) Bawang Merah berwatak buruk serta mudah marah dan iri hati. Bawang Putih berwatak baik, ramah, dan suka menolong orang lain.

(3) membelikan barang tersebut untuk Bawang Merah

(4) dari seorang nenek yang sudah sangat tua

(5) bungkusan berisi ular

Pelajaran 10

A. 연습문제

1. 관형 접속사 yang을 써서 목적어 명사구를 형성하고 복합문을 완성하세요.

(1) Dia menginjak kaki saya yang sedang sakit.

(2) Anak itu memukul kakaknya yang berbadan lebih kecil.

(3) Ayah menjemput ibu yang baru saja pulang kampung.

(4) Sophie membaca buku yang sangat laris tersebut.

2. 관형 접속사 yang과 피동 규칙을 써서 알맞은 명사구를 형성하고 복합문을 완성하세요.

(1) Mobil yang dibuat oleh Korea itu berjalan dengan cepat.

(2) Saya menulis dengan bolpoin baru yang dibeli oleh ayah untuk saya.

(3) Tadi pagi pak Rahmat minum jamu yang dibuat bu Siti semalam.

(4) Leo meminta maaf kepada temannya yang kamu pukul kemarin.

B. 연습문제

1. 다음 대화를 듣고 빈칸을 채워 보세요. (CD 29)

Luigi: Sophie. Kamu ada <u>waktu</u> hari Minggu ini?

Sophie: Kenapa?

Luigi: Aku mau <u>mengundang</u> kamu ke rumahku. Kamu harus mencicipi spageti yang aku buat.

Sophie: Saya lebih suka kalau kita <u>bertemu</u> di luar saja.

Luigi: Kenapa?

Sophie: Saya kurang suka bertemu di rumah laki-laki yang <u>tinggal</u> sendiri.

Luigi: Ayo, lah! Aku <u>bukan</u> laki-laki hidung belang.

Sophie: Ah, itu kan katamu saja.

2. 앞의 대화를 다시 듣고 다음 질문에 답하세요.

(1) 루이기의 집으로 초대했습니다.

(2) 아니요. 혼자 사는 남자의 집에서 만나는 것을 별로 좋아하지 않아서.

C. 연습문제

1. 앞의 읽기 내용을 참고해서 다음 문장이 맞으면 B, 틀리면 S에 ○ 표시하세요.

(1) S   (2) B   (3) S   (4) B   (5) B

2. 다음 질문에 답하세요.

(1) karena Indonesia terdiri atas banyak suku bangsa

(2) karena penjajah Belanda sangat menyukai makanan di seluruh penjuru nusantara

(3) penyajian makanan Indonesia dalam satu meja

(4) disajikan secara prasmanan

(5) di kelas eksekutif pesawat Garuda

Pelajaran 11

A. 연습문제

1. 다음 능동문을 ter- 접두사에 의한 피동문으로 바꿔 쓰세요.

(1) Tas saya terinjak oleh Amina.

(2) Tas yang berat itu terangkat oleh Tina.

(3) Pakaianku terpotong oleh kamu.

(4) Menu hari ini sudah tertebak oleh ayah.

2. 다음 중에서 알맞은 어근을 골라 문장을 완성하세요. (사전 이용 가능)

(1) terbesar   (2) terbangun

(3) terputus   (4) terbaik

(5) terbuka   (6) terpanas

(7) tertinggi

B. 연습문제

1. 다음 대화를 듣고 빈칸을 채워 보세요.(CD 32)

Sophie: Chul Soo. Ini bukumu yang terbawa oleh saya.

Chul Soo: Terima kasih. <u>Omong-omong</u> mana bukumu?

Sophie: Ya, ampun! Buku saya <u>tertinggal</u>. Akhir-akhir ini saya suka lupa.

Chul Soo: Saya angkat <u>tangan</u>, deh. Kamu mau saya antar ke rumah lagi?

Sophie: Tidak usah! Saya rasa saya bisa meminjam buku dari ibu Siti.

Chul Soo: Jangan sungkan, lo!

Sophie: Tidak, kok. Tidak apa-apa.

2. 앞의 대화를 다시 듣고 다음 질문에 답하세요.

(1) 네, 철수의 책을 가지고 왔습니다. 자신의 책은 안 가지고 왔습니다.

(2) 시띠 선생님에게서 빌릴 거예요.

C. 연습문제

1. 앞의 읽기 내용을 참고해서 다음 문장이 맞으면 B, 틀리면 S에 ○ 표시하세요.

(1) B   (2) B   (3) S   (4) S   (5) S

2. 다음 질문에 답하세요.

(1) Martabak Manis, Martabak Bangka, Kue Bandung, Apam Pinang, Kue Bulan

(2) atas kulit dan isi

(3) dari campuran tepung terigu, telur ayam, santan, air, ragi, dan soda kue

(4) dengan gula, coklat, wijen, kacang tanah, atau keju

(5) untuk mengangkat gengsi kue ini

Pelajaran 12

A. 연습문제

1. ke-an 접환사를 사용하여 피동문을 완성하세요.

(1) Mega ketiduran di dalam kelas karena bergadang.

(2) Uang Eva kemalingan karena dia tidak berhati-hati.

(3) Vely kedinginan walaupun dia sudah berjaket.

(4) Rumah Zai kebakaran semalam.

(5) Ruri ketularan penyakit itu dari temannya.

2. 다음 중에서 알맞은 어근을 골라 문장을 완성하세요.

(1) kehitaman   (2) kelaki-lakian

(3) kehujanan   (4) ketinggalan

(5) kerampokan   (6) kepanasan

(7) kesiangan

B. 연습문제

1. 다음 대화를 듣고 빈칸을 채워 보세요. (CD 35)

Luigi: Bu Siti. Ibu punya waktu hari Sabtu nanti?

Siti: Ya, saya tidak sibuk hari itu. Kenapa?

Luigi: Akan ada pesta kecil di rumah saya. Sophie, Chul Soo, dan teman-teman yang lain juga akan datang.

Siti: Pesta untuk apa?

Luigi: Untuk merayakan saya lolos audisi Masterchef Indonesia.

Siti: Wah! Selamat, ya Luigi. Kamu memang hebat.

Luigi: Terima kasih, Bu. Ditunggu hari Sabtu ini jam 11 siang. Jangan kesiangan, ya Bu. Nanti kami kelaparan.

Siti: Ha ha ha! Baiklah!

2. 앞의 대화를 다시 듣고 다음 질문에 답하세요.

(1) 마스터셰프 인도네시아 오디션에 합격해서.

(2) 토요일 낮 11시. 소피, 철수, 그리고 다른 친구들이 올 거예요.

C. 연습문제

1. 앞의 읽기 내용을 참고해서 다음 문장이 맞으면 B, 틀리면 S에 ○ 표시하세요.

(1) S   (2) S   (3) B   (4) S   (5) S

2. 다음 질문에 답하세요.

(1) supaya dapat pulang ke rumah dengan nyaman dan aman

(2) tidak harus bersusah payah menunggu dan menyetop taksi di pinggir jalan di tengah malam

(3) karena layanan-layanan taksi tersebut memberi informasi lokasi calon penumpang kepada sopir taksi

(4) dahulu calon penumpang harus menelepon kantor taksi untuk memesan taksi

(5) kini calon penumpang hanya cukup menggunakan *smartphonenya* saja

Pelajaran 13

A. 연습문제

1. 다음 능동문을 피동문으로 바꿔 쓰세요.

(1) Tas itu saya naikkan ke atas lemari.

(2) Roti itu dikeluarkan oleh Tina dari tasnya.

(3) Saya tidak dibesarkan oleh ayah saya.

(4) Banjir tahun ini disebabkan oleh hujan besar itu.

(5) Olimpiade Seoul 1988 diadakan oleh Korea.

2. 다음 중에서 알맞은 어근을 골라 문장을 완성하세요.

(1) mendirikan   (2) membesarkan

(3) menyekolahkan   (4) mengerikan

(5) memulangkan   (6) merupakan

(7) menurunkan

B. 연습문제

1. 다음 대화를 듣고 빈칸을 채워 보세요. (CD 38)

Martono: Bud! Bagaimana pestanya?

Budi: Belum. Masih nanti malam.

Martono: Di mana pestanya? Kamu sudah ketemu tempatnya, kan?

Budi: Sudah, tetapi saya lupa memesan kue.

Martono: Ya, ampun! Seharusnya kamu bilang pada saya. Tante saya punya toko roti dekat dari sini.

Budi: Wah! Kabar yang sangat menyenangkan.

Martono: Nanti akan saya telepon kamu. Ditunggu, ya!

2. 앞의 대화를 다시 듣고 다음 질문에 답하세요.

(1) 케이크를 주문하는 것.

(2) 마르토노가 자기 고모네 빵집에서 사다 주기로 했습니다.

C. 연습문제

1. 앞의 읽기 내용을 참고해서 다음 문장이 맞으면 B, 틀리면 S에 ○ 표시하세요.

(1) S   (2) B   (3) B   (4) S   (5) S

2. 다음 질문에 답하세요.

(1) cinta seorang pangeran bernama Bandung Bondowoso kepada seorang putri bernama Rara Jonggrang

(2) kecantikan dan kesaktiannya.

(3) tidak dapat

(4) mendirikan seribu buah candi dalam semalam

(5) menjadi batu

Pelajaran 14

A. 연습문제

1. 괄호 속 보기 중에서 문장에 알맞은 것을 고르세요.

(1) menutup

(2) membelikan

(3) membawakan

(4) memasak

(5) membuatkan

(6) membuang

(7) mendengar

(8) mencarikan

2. 다음 능동문을 피동문으로 바꿔 쓰세요.

(1) Saya dipasangkan sebuah bros oleh laki-laki itu.

(2) Uang itu saya pinjamkan kepada dia.

(3) Omelannya tidak kami dengarkan.

(4) Ayahnya dibelikan sebuah dasi oleh anak itu.

(5) Mi dimasak oleh Lidya untuk Tina.

B. 연습문제

1. 다음 대화를 듣고 빈칸을 채워 보세요. (CD 41)

Naomi: Chul Soo. Terima kasih, ya tadi.

Chul Soo: Ah, enggak perlu berterima kasih.

Naomi: Bilang saja kalau kamu butuh sesuatu, ya. Saya akan membantu dengan senang hati.

Chul Soo: Boleh saya minta sesuatu sekarang?

Naomi: Silakan. Apa saja.

Chul Soo: Bolehkah saya meminjam mobilmu hari Sabtu ini?

Naomi: Oh, silakan. Kebetulan saya lagi enggak perlu.

Chul Soo: Makasih, ya. Akan saya kembalikan hari Senin.

2. 앞의 대화를 다시 듣고 다음 질문에 답하세요.

(1) 차를 빌려 달라고 했습니다.

(2) 네.

C. 연습문제

1. 앞의 읽기 내용을 참고해서 다음 문장이 맞으면 B, 틀리면 S에 ○ 표시하세요.

(1) S   (2) B   (3) S   (4) B   (5) B

2. 다음 질문에 답하세요.

(1) di Jakarta Pusat

(2) karena adanya monumen gajah perunggu di halaman depan museum tersebut

(3) Museum Nasional

(4) benda-benda peninggalan kuno dari seluruh Indonesia menjadi batu

(5) karena koleksinya saat ini mencapai lebih dari 140.000 buah

Pelajaran 15

A. 연습문제

1. 다음 문장을 me-i 접환사에 의한 타동사문으로 바꾸세요.

(1) Budi menggulai tehnya.

(2) Kami tidak menyukai laki-laki itu.

(3) Ita sedang mengelusi kepala kucingnya.

(4) Anak itu suka membohongi orang tuanya.

(5) Kita akan mengunjungi Yogyakarta tahun ini.

2. 다음 중에서 알맞은 답을 골라 문장을 완성하세요.

(1) memusuhi

(2) menyayangi

(3) menasihati

(4) memukuli

(5) menyisiki

(6) mencintai

(7) memercayai

B. 연습문제

1. 다음 대화를 듣고 빈칸을 채워 보세요. (CD 44)

Lidya: Maafkan saya, Martono. Saya tadi <u>kesiangan</u> dan ketinggalan bus.

Martono: Tidak apa-apa. Kita jadi satu <u>sama</u>.

Lidya: Ayo kita masuk ke dalam. Saya sudah tidak <u>sabar</u>.

Martono: Siapa <u>pengarang</u> yang kamu kagumi?

Lidya: Saya sangat mengagumi Enid Blyton dan Lima Sekawannya.

Martono: Siapa itu?

Lidya: Masa kamu tidak tahu? Pasukan Mau Tahu?

Martono: Maaf, ya. Saya <u>benar-benar</u> tidak tahu.

2. 앞의 대화를 다시 듣고 다음 질문에 답하세요.

(1) 늦잠을 자고 버스를 놓쳤기 때문입니다.

(2) 아니요.

C. 연습문제

1. 앞의 읽기 내용을 참고해서 다음 문장이 맞으면 B, 틀리면 S에 ○ 표시하세요.

(1) B   (2) S   (3) S   (4) B   (5) B

2. 다음 질문에 답하세요.

(1) Ibu Siti, pak Rahmat, Tina, Lidya, Budi, Martono, Sophie, Naomi, dan Luigi.

(2) Mereka sedang berdansa.

(3) Mereka sedang mengobrol berempat sambil tertawa.

(4) karena Sophie tidak begitu menyukai Luigi

(5) Martono

해석

Pelajaran 1

읽는 것은 좋은 습관

제 이름은 나오미입니다. 저는 일본계 미국인입니다. 저는 철수와 함께 조선 인도네시아 주식회사에서 일합니다. 저는 자카르타에 혼자 삽니다. 저는 멘뗑(Menteng) 지역 아파트에 세 들어 살고 있습니다. 저는 월요일부터 금요일까지 일을 합니다. 주말에는 주로 방바닥을 쓸며 물청소를 하고, 옷을 빨래 말리고, 요리하고 다림질하고 식물들을 가꿉니다.

저는 읽는 것을 아주 좋아합니다. 읽는 것은 제 취미입니다. 저는 무엇이든 잘 읽습니다. 읽는 것은 지식을 늘려 줍니다. 읽는 것은 공부할 때 집중하는 데 도움이 됩니다. 우리 미국 집에는 가족 도서관이 있습니다. 읽는 것은 쉽습니다. 우리는 언제 어디서나 읽을 수 있습니다. 읽는 것은 역시 중요합니다. 일주일에 한 번은 읽는 것이 좋습니다. 일주일에 한 번 읽으면 우리의 통찰력을 열어 줍니다. 읽는 것은 좋은 습관입니다.

Pelajaran 2

학교 방학

제 이름은 인드리이고 자카르타 스와다야(Swadaya)고등학교 학생입니다. 저와 친구들은 지난 학교 방학 때 발리에 놀러 갔다 왔습니다. 저는 여행사에서 발리행 비행기 표를 샀습니다. 그 여행사는 비행기 표를 아주 싼 가격으로 팝니다. 우리는 각자 단지 40만 루피아를 냈습니다.

저는 4명의 학교 동창과 함께 갔습니다. 그들의 이름은 안디, 신따, 리나, 그리고 띠노입니다. 우리는 각자 작은 여행 가방 하나와 배낭 하나를 가지고 갔습니다. 우리는 운동화 두 켤레와 샌들 한 켤레도 같이 가지고 갔습니다. 우리는 수영복을 챙기는 것도 잊지 않았습니다.

자카르타에서 발리까지 대략 2시간 걸렸습니다. 우리는 발리 섬에 2박3일 동안 숙박했습니다. 우리는 따나롯(Tanah Lot), 따빡씨링(Tapak Siring), 꾸따(Kuta) 그리고 세미냑(Seminyak)으로 놀러 갔습니다. 우리는 수코와띠(Sukowati) 시장에서 쇼핑을 했습니다. 저는 발리의 브렘(brem, 일종의 술), 발리의 살락(salak, 일종의 과일) 그리고 발리 전통 원단을 샀습니다. 우리는 수요일에 자카르타에 돌아왔습니다. 우리는 발리에 놀러가서 기쁘고 다음 기회에 거기에 또 가고 싶습니다.

Pelajaran 3

인도네시아의 의무 교육

인도네시아의 교육 단계는 한국의 교육 단계와 거의 비슷합니다. 6살 미만인 아이는 유치원에 다닙니다. 6살부터 12살까지의 아이는 초등학교에 다니며 12살부터 15살의 아이는 중학교에 다닙니다. 한편, 15살부터 18살까지의 청소년은 고등학교에 다닙니다. 고등학교를 졸업한 후 사람마다 대학교에 진학할지 또는 바로 일할 것인지 선택할 수 있습니다.

유치원생은 주로 자유복을 입습니다. 초등학생은 흰색-빨간색 교복을, 중학생은 흰색-파란색 교복을, 그리고 고등학생은 흰색-회색 교복을 입습니다. 관광 단과대학, 경찰대학 등을 빼고 대학생은 주로 교복을 입지 않습니다.

유치원은 영유아기의 교육 단계이며 초등학교와 중학교는 초등의 교육 단계입니다. 고등학교는 고등 교육 단계를 밟기 전의 중등 교육 단계입니다. 인도네시아의 고등 교육 단계는 전문대학, 학사, 석사, 박사로 나눠집니다. 2015년 6월부터 인도네시아의 청년들은 초등학교부터 고등학교까지, 즉 중등 교육 단계까지 의무적으로 받아야 합니다.

Pelajaran 4

일기

일기를 쓰신 적이 있습니까? 저는 그날의 활동을 잊지 않기 위해 일기를 자주 씁니다. 잊었다면 저는 제 일기장을 다시 열고 읽습니다. 저는 제 일기장을 모은 지 오래되었습니다. 이번에 저는 오늘 일정에 대해 쓰고자 합니다.

오늘은 일요일입니다. 오늘 아침 8시 반에 일어났습니다. 저는 목욕을 하고 9시에 가족과 함께 아침을 먹었습니다. 아침을 먹은 후에 엄마를 따라 슈퍼마켓에 갔는데 슈퍼마켓은 문을 열지 않았습니다. 그 슈퍼마켓은 얼마 전에 불에 타서 문을 닫았습니다. 그래서 우리는 그랜드마켓으로 장을 보기 위해 버스를 타고 가야 했습니다. 점심시간이 지나서 우리는 어쩔 수 없이 그랜드마켓에서 점심을 먹었습니다.

우리는 오후 3시에 장보기를 마치고 오후 4시에 집에 도착했습니다. 5시에 저와 우리 엄마는 저녁을 음식을 만들기 시작했습니다. 요리를 한 후 저는 목욕하고 머리를 깨끗이 감았습니다. 우리 가족은 저녁 7시에 함께 저녁을 먹었습니다. 저녁을 먹은 후 설거지를 하고 우리 아빠와 거실에서 텔레비전을 봤습니다. 저는 오늘 무척 피곤합니다. 전 밤 11시 전에 자고 싶습니다.

오늘 당신의 일정은 어떻습니까? 일기를 쓰셨습니까?

Pelajaran 5

흡연이 건강에 왜 해로운가?

담배를 피우십니까? 담배를 피우신 지 얼마나 되셨습니까? 하루에 몇 개비를 피우십니까? 흡연은 당신의 건강에 좋습니까?

담배는 많은 화학 성분과 독성이 함유되어 있습니다. 담배는 니코틴, 타르, 그리고 이산화탄소 등을 함유하기 때문에 흡연은 우리의 건강에 좋지 않습니다. 니코틴, 타르, 그리고 이산화탄소는 우리의 폐나 뇌를 손상시킬 수 있습니다. 흡연 때문에 우리의 건강이 나빠질 수 있습니다. 흡연 때문에 관상동맥 질환, 폐렴, 뇌졸중, 백내장, 위염, 골다공증, 탈모, 그리고 암에 걸릴 수 있습니다.

담배 연기를 들이마심으로써 우리는 간접 흡연자가 될 수 있습니다. 간접 흡연자의 건강은 주변에 있는 직접 흡연자 때문에 나빠질 수 있습니다. 한 아버지가 피우는 담배 연기 때문에 자신의 자녀와 부인을 죽일 수 있습니다. 간접 흡연자는 직접 흡연자보다 관상동맥 질환, 폐렴, 위염, 그리고 암에 걸릴 위험이 더 큽니다.

담배 연기는 다른 사람이 숨을 못 쉬고, 머리가 아프고, 속이 메스껍고, 집중할 수 없게 만듭니다. 흡연은 우리의 호흡, 옷, 그리고 우리 몸에서 냄새가 나게 만듭니다. 흡연은 또한 우리를 친구, 가족, 그리고 사회에서 소외당하게 만듭니다. 흡연은 건강과 사회생활에 좋지 않습니다. 그래도 흡연하시겠습니까?

Pelajaran 6

우리의 작은 가족

안녕하세요. 잘 지내시나요? 이름이 뭐예요? 제 이름은 리디아 세란이에요. 저는 벨루족이지만 자카르타에서 왔어요. 저는 자카르타대학교 일어일문과 3학년 대학생이고 나이는 21살이에요. 저는 가족과 함께 6명이 브까시에 살아요. 우리는 집에서 테툰-테릭어를 사용합니다.

여러분께 우리 가족을 소개해 드리고 싶어요. 뒤쪽 가운데에 서 있고 하늘색 블라우스를 입은 사람은 저예요. 제 왼쪽과 오른쪽에 서 있는 사람은 언니와 오빠예요. 키가 크고 안경을 끼고 줄무늬 검은 와이셔츠를 입은 사람은 제 오빠예요. 오빠의 이름은 프란스이고 나이는 27살이에요. 약간 통통하고 반곱슬이고 회색 블레이저와 하얀 블라우스를 입은 사람은 제 언니예요. 이름은 로사이고 나이는 25살이에요. 우리 언니와 오빠는 둘 다 이미 취직했어요.

앞쪽 가운데에 앉아 있는 사람은 할아버지예요. 할아버지의 연세는 72살이세요. 할아버지께서는 안경을 안 끼시고, 하얀 머리를 하고, 아주 검은 피부를 하고 계세요. 할아버지 오른쪽에 앉은 안경을 끼고 재킷을 입은 사람은 우리 아빠예요. 할아버지와 아빠는 코르넬리스라는 같은 이름을 가지고 있어요. 할아버지 왼쪽에 앉은 사람은 알리시아, 우리 엄마예요. 엄마는 플로레스 전통 옷을 입고 머리를 말아 올렸어요. 엄마와 아빠는 동갑으로 51살이에요. 엄마와 아빠는 시장에서 플로레스 야생 꿀 장사를 해요.

Pelajaran 7

보로부두르 사원

보로부두르 사원은 중부 자바주 막겔랑 시 근처에 있는 불교 사원입니다. 보로부두르는 유네스코 문화 유산 중의 하나입니다. 보로부두르는 역시 세계에서 가장 큰 불교 사원입니다. 보로부두르는 서기 770년에 세워지기 시작했고 서기 825년쯤에 건립이 끝났습니다.

보로부두르는 6개 정사각형과 3개 원형의 층이 있습니다. 보로부두르 사원은 세계에서 가장 완벽하고 가장 많은 불교 부조를 가집니다. 그 부조는 6개의 정사각형 층의 벽에 새겨져 있습니다. 보로부두르 사원은 역시 504개의 불상을 가지고 있습니다. 그중에서 72개는 3개의 원형 층에 있습니다.

14세기에 이슬람이 인도네시아에 들어가기 때문에 보로부두르는 잊혀진 적이 있습니다. 보로부두르는 1814년에 토마스 스탬포드 래플스에 의하여 다시 발견되었습니다. 보로부두르의 복원은 1975년에 시작하여 1982년까지 계속됐습니다. 보로부두르는 1991년에 공식적으로 유네스코 문화유산이 되었습니다.

오늘날 보로부두르는 성지 순례 장소로 사용됩니다. 보로부두르는 역시 석가탄신일에 예불 장소로 사용됩니다. 많은 국내와 외국인 관광객들이 보로부두르에 옵니다. 보로부두르는 인도네시아에서 가장 많이 방문된 관광지입니다.

Pelajaran 8

선녀와 나무꾼

먼 옛날에 어느 마을에 친절한 나무꾼이 살았습니다. 어느 날 나무꾼은 사슴을 도와줬습니다. 사슴은 사냥하는 사냥꾼에 쫓기고 있었습니다. 사냥꾼이 간 후에 사슴은 나무꾼에게 은혜를 꼭 갚겠다고 이야기했습니다.

사슴은 보름달이 뜬 밤에 선녀들이 그 근처에 있는 호수에 목욕하러 내려올 거라고 이야기했습니다. "선녀들 중에 하나를 골라 옷을 가져가세요. 그 선녀는 나무꾼님과 결혼할 거예요. 옷을 돌려주지 마세요. 돌려주면 선녀가 하늘로 돌아갈 거예요."

마침 그날 밤은 보름달이 뜬 밤이었습니다. 나무꾼은 호수에 가서 선녀의 옷을 가져갔습니다. 하늘로 돌아가지 못하는 선녀는 어쩔 수 없이 나무꾼과 결혼하고 아이 3명을 낳습니다.

보름달이 뜨면 선녀가 항상 울기 때문에 결국 나무꾼은 선녀의 옷을 돌려줬습니다. 선녀는 하늘로 날아 돌아갔습니다. 며칠 후에 나무꾼과 3명의 아이들은 두레박을 타고 선녀를 따라 하늘로 갔습니다. 그 두레박은 선녀가 자기의 가족을 데리러 가기 위해 보낸 것이었습니다.

Pelajaran 9

양파와 마늘

'양파와 마늘'은 리아우 지역의 인도네시아 동화 이야기입니다. 이 동화는 한국의 '콩쥐 팥쥐'와 거의 비슷한 주제와 교훈의 메시지를 가지고 있습니다.

옛날에 성격이 서로 아주 다른 2명의 자매가 살았습니다. 양파(Bawang Merah)는 마늘(Bawang Putih)의 의붓언니입니다. 양파는 성격이 나쁘고 쉽게 화를 내고 쉽게 질투를 하고 또한 좋은 성격을 가지고 친절하고 남을 잘 도와주는 마늘에게 항상 거친 행동을 합니다. 마늘의 새엄마는 불공평하고 편애하는 여자입니다.

마늘이 좋고 예쁜 것을 얻으면 양파는 무조건 질투를 하고 그 물건을 빼앗습니다. 마늘이 칭찬을 받으면 양파는 화가 나고 삐칩니다. 또한 마늘이 어떤 물건을 원할 때, 새엄마는 그 물건을 양파에게 사 줍니다.

어느 날 마늘은 나이가 많은 할머니를 도와드렸습니다. 그 할머니는 마늘에게 선물을 주었습니다. 마늘이 할머니에게 황금 선물을 받아 오자 양파는 질투를 합니다. 양파는 할머니의 집에 가서 같은 선물을 달라고 했습니다. 하지만 양파는 오히려 뱀이 담긴 선물을 받았습니다.

Pelajaran 10

라이스타펠

인도네시아는 많은 민족으로 구성되어 많은 종류의 음식이 있습니다. 민족마다 각자의 전통 음식을 가집니다. 식민 지배를 했던 네덜란드는 인도네시아 제도 방방곡곡에 있는 음식을 좋아했습니다. 그러나 모든 인도네시아 음식을 먹으려면 오랜 기간이 필요합니다. 그러자 식민 지배자 네덜란드는 라이스타펠을 만들었습니다.

라이스타펠은 식민 지배자 네덜란드가 만든 한 상 차림 인도네시아 음식입니다. 하나로 만들어진 그 서양식 식사 예절과 인도네시아 음식 메뉴는

식민 지배자들에게 사랑을 받았습니다. 처음에는 다양한 인도네시아 음식을 뷔페식으로 차렸습니다. 차려진 음식의 대부분은 인도네시아 음식이었습니다. 주로 후식이나 음료로 네덜란드의 술이 차려집니다.

지금의 라이스타펠은 인도네시아 가정에서 평상의 음식 차림이 되었습니다. 여러 가지 음식은 밥과 인도네시아식 피클(acar), 고추장(sambal), 또한 칩스(kerupuk) 등과 차립니다. 현대의 라이스트타펠은 인도네시아 그리고 또한 네덜란드의 가정집에서 볼 수 있습니다. 라이스트타펠은 역시 2011년 7월부터 인도네시아 가루다 항공에서 제공됩니다.

Pelajaran 11

뜨랑불란 케이크

뜨랑불란(Terang Bulan) 케이크는 유명한 인도네시아 고유의 과자입니다. 뜨랑불란 케이크는 인도네시아 지역에 따라 다르게 불리는데, 자카르타에서는 Martabak Manis 또는 Martabak Bangka, 반둥에서는 Terang Bulan, 스마랑에서는 Kue Bandung, 뽄띠아낙에서는 Apam Pinang, 또는 동부 인도네시아에서는 Kue Bulan이라고 부릅니다.

뜨랑불란 케이크는 껍질과 소로 구성됩니다. 뜨랑불란 케이크의 껍질은 밀가루, 계란, 야자유, 물, 이스트, 그리고 베이킹소다로 만들어집니다. 뜨랑불란 케이크의 껍질은 두꺼운 쇠 프라이팬에 굽습니다. 뜨랑불란 케이크의 껍질은 주로 아주 두껍고 결이 있습니다. 익은 후에 뜨랑불란 케이크의 껍질은 설탕, 초콜릿, 깨, 땅콩, 또는 치즈와 같은 소를 넣고 연유를 뿌리고 많은 버터를 바릅니다.

뜨랑불란 케이크는 방카(Bangka) 섬과 블리퉁(Belitung) 섬에 많이 사는 중국계 사람이 만든 Hok Lo Pan 과자에서 유래된 말레이-인도네시아 정통 과자입니다. 뜨랑불란 케이크는 원래 중국 대륙에 있던 과자가 아니기 때문에 이 케이크의 이름을 높이기 위해 Hok Lo 사람이 만든 과자라는 뜻으로 Hok Lo Pan이란 이름을 붙였습니다. 현재는 뜨랑불란 케이크를 인도네시아와 말레이시아의 거리 상가에서 살 수 있습니다.

Pelajaran 12

한국의 첨단 기술 택시 서비스

야근하거나 술을 마신 후에 늦은 시간에 귀가한 적이 있습니까? 야근하거나 술을 먹은 후에 택시 잡는 데 어려움을 겪어 본 적이 있습니까? 다른 나라처럼 이제 집에 편리하고 안전하게 집에 갈 수 있도록 여러분은 카카오택시, 우버택시, 그리고 네이버택시 서비스를 이용할 수 있습니다.

그러한 서비스들은 택시 이용자가 밤에 길가에서 어렵게 택시를 기다리고 세우지 않아도 택시를 이용할 수 있게 해 줍니다. 첨단 기술의 서비스로 택시 이용자들은 자리에서 움직이지 않아도 택시를 부를 수 있게 만듭니다. 이러한 택시 서비스들은 택시 기사에게 승객의 위치 정보를 알려줌으로써 기사가 승객이 있는 곳을 쉽게 찾아갈 수 있습니다.

예전에 승객은 택시를 부르려면 택시 회사로 전화를 걸어야 했는데 지금은 단지 스마트폰만 사용하면 됩니다. 그 밖에도 승객이 택시를 탄 후에 승객은 가족과 친구들에게 탑승한 택시와 운전기사의 정보를 문자로 보낼 수 있습니다.

야근하거나 술을 먹은 뒤 택시에서 피로감을 느껴 잠들어 버립니까? 더 이상은 걱정하지 마십시오. 이제 이 첨단 기술의 안전한 택시 서비스를 걱정 없이 이용할 수 있습니다.

Pelajaran 13

로로 종그랑

'로로 종그랑'은 인도네시아의 중부 자바와 족자카르타의 전설 이야기입니다. 이 전설은 로로 종그랑(Rara Jonggrang)이라고 하는 공주를 향한 반둥 본도워소(Bandung Bondowoso) 왕자의 사랑에 대한 이야기입니다.

로로 종그랑은 보꼬(Baka) 왕국의 쁘라부 보꼬(Prabu Baka) 왕의 딸이고, 반둥 본도워소는 뻥깅(Pengging) 왕국의 쁘라부 다마르 마야(Prabu Damar Maya)의 아들입니다. 로로 종그랑은 예쁘다고 널리 알려져 있고, 반둥 본도워소는 초능력 때문에 잘 알려져 있습니다. 뻥깅 왕국은 번창하고 부유한 한편 보꼬 왕국은 거인들의 왕국입니다.

보꼬 왕국이 뻥깅 왕국을 습격했을 때 뻥깅 왕국은 보꼬 왕국의 공격을 막을 수 있었습니다. 반둥 본도워소는 쁘라부 보꼬를 굴복시키고 죽이는 데 성공했습니다. 반둥 본도워소는 쁘라부 보꼬의 딸인 로로 종그랑을 처음 봤을 때 공주의 미모에 감탄했습니다. 본도워소는 로로 종그랑에게 청혼을 했습니다.

로로 종그랑은 (그 조건으로) 하룻밤에 1,000개의 돌 사원을 세워 달라고 요구했고, 본도워소는 그 요구에 응해 줬습니다. 하지만 천 번째 사원이 세워지기 전에 본도워소가 실패하도록 라라 종글랑이 속임수를 썼습니다. 본도워소는 화가 나서 로로 종그랑을 돌로 변하도록 저주를 했습니다. 현재, 두르가 여신(Dewi Durga) 동상으로 변한 로로 종그랑을 프람바난(Prambanan) 사원에서 보실 수 있습니다.

Pelajaran 14

코끼리 박물관

코끼리 박물관은 중부 자카르타에 있는 박물관입니다. 이 박물관은 동남아시아의 최초 최대 규모의 박물관입니다. 이 박물관의 공식 이름은 인도네시아 국립 박물관이지만, 박물관 앞마당에 동으로 만들어진 코끼리 동상이 있어 코끼리 박물관이라고 부릅니다. 박물관 앞마당에 있는 동으로 만들어진 코끼리 동상은 1871년에 태국의 쭐랄롱꼰 왕이 선물한 것입니다.

코끼리 박물관 1778년에 Museum Royal Batavian Society of Arts and Sciences으로서 처음 세워졌습니다. 코끼리 박물관의 건물은 18세기에 세워진 유럽 건물 형태의 영향을 받았습니다. 현재의 코끼리 박물관 건물은 1862년에 네덜란드령 동인도 정부가 세웠습니다. 새 건물은 오래된 건물 북쪽에 1996년 추가되었습니다. 이 건물은 Gedung Arca라고 부릅니다.

코끼리 박물관은 인도네시아 전국에서 온 상, 비문, 수공예품 등 고대 유물을 수집합니다. 그 유물들의 수집품은 다양한 시대에서 왔습니다. 이 수집품은 14만여 개가 있어 인도네시아에서 가장 완전한 박물관이라고 할 수 있습니다.

어느 송별회

이 파티에 오신 걸 환영합니다. 저는 여기에 참석하는 모든 사람을 소개시켜 드리겠습니다. 저는 이 파티의 주인인 철수이고 한국에서 왔습니다.

춤추고 있고 나이가 약간 있으신 분은 시띠 선생님과 라흐맛입니다. 시띠 선생님은 제 인도네시아어 선생님이고 라흐맛은 선생님의 남편입니다. 두 사람은 항상 화목하고 서로 사랑하는 것처럼 보입니다. 두 사람은 가끔 싸우기도 합니다.

웃으면서 이야기를 하고 있는 사람은 띠나, 리디아, 부디, 그리고 마르토노입니다. 띠나와 리디아는 부디와 마르토노처럼 어릴 때부터 친구였습니다. 마르토노는 리디아를 좋아하고 사랑하지만 둘이 사귀었는지는 모르겠습니다.

검은 머리 여자와 이야기하고 있는 금발머리의 사람은 소피이고, 소피와 이야기하고 있는 여자는 동료인 나오미입니다. 소피는 프랑스에서 왔고 자카르타 대학교에서 저와 함께 인도네시아어를 배웁니다. 방구석에 슬퍼하면서 앉아 있는 사람은 루이기입니다. 루이기는 이탈리아에서 온 소피의 친구입니다. 소피는 그를 별로 안 좋아하는 것 같은데, 소피는 관계를 끊고 싶습니다.

사실 이 파티는 우리들 중 한 명을 위한 송별회입니다. 체크무늬 바지를 입고 곱슬머리에 통통한 우리 친구는 미국으로 진학을 할 겁니다. 누군지 아시겠습니까?